キジムナー考

木の精が家の神になる

赤嶺 政信

目　次

第一部　キジムナー考

第二部　樹木の精霊と家の神

第一部　キジムナー考

はじめに

キジムナーは、沖縄の人々にとって最も馴染みのある妖怪であり、キジムナーについては、これまでにいくつもの論考が発表されてきた。[1] 従来の研究を振り返ってみると、筆者には重要な論点が看過されてきたという思いを禁じ得ず、本稿の出発点はそこにあって、第一部では、その点と関わるキジムナーの民俗学的考察を行う。第二部では、第一部の検討結果につなげるかたちで、八重山諸島における家屋の建築儀礼をめぐる問題の検討を行ない、建築儀礼のなかに窺うことのできる人間と樹木霊（キジムナー）との交渉をめぐる問題について考察していく。そして結論として、八重山の床の間で祀られる家の神は家屋の材料となった樹木の精霊が転化したものであること、すなわち、「木の精が家の神になる」という見解を提示するつもりである。

なお、本稿のもとになっている拙稿は、赤嶺〔一九九二、一九九四、二〇〇〇〕の三本である。

第一章　キジムナーは何モノか

キジムナーは、地域によって、セーマ（今帰仁村）、ブナガヤ（大宜味村）、ボージマヤ（名護市羽地）などの異名がある。これらの語義について深く立ち入って検討する用意はないが、いくつかの説については紹介しておきたい。

折口信夫は、ブナガヤの「ぶながる」は長い髪をふりみだすという意味で、ブナガヤはそれに由来するという（折口　一九七六（一九二一）　一七九）。山原出身の宮城真治もブナガヤは「蓬髪の意である」と述べている（宮城　一九八七　二四九）。また宮城真治は、羽地のボージマヤについて、ボージは坊主でマヤは迷わす義であろうとしている（同前）。なお、宮城は、今帰仁のセーマ（シェーマ）についてその語義は不明だとしている（宮城　前掲　二五〇）。

奄美地域にはケンムンの話が豊富にあるが、キジムンとケンムンは語の構成や説話の内容の類似から して同種のものと判断できる。また、宮古と八重山にはキジムナーという名称はないが、沖縄本島地域のキジムナーと共通する性格を有する説話上の存在が認められ、それについては後段で注意を向けるつもりである。

さて、キジムナーとはいったい何モノなのか、その正体にせまるために、キジムナーという言葉の意味について立ち入って検討することにする。

キジムナーはキジムンの愛称辞だから、キジムンという言葉の意味を考察する必要がある。キジムンの語頭にある「キ」は、キジムンが樹木を棲み処としていることからしても「木」であることは間違いないだろう。そして、末尾の「ムン」は、ヤナムン（悪物）、マジムン（魔物）などの用法にもみられる「ムン」であることも疑い得ないが、琉球語の「ムン」が日本語のモノノケ（物の怪）などに用いられる「モノ」にも通じる言葉であることに注意を向けておきたい。すなわち、『大辞林』で「もの（物）」を引いてみると、六番目に挙げられる意味として、「鬼や悪霊など、正体のとらえにくい対象を畏怖していう語」とある（松村編　一九八八）。

キジムンの語義でわかりにくいのは「木」と「ムン」の間にある「ジ」である。「木の妖怪」という意味ならば、「キヌ（の）ムン」でいいはずであり、実際、奄美のケンムンは「キヌ（の）ムン」の謂いであろう。意外なことだが、その点も含めて、キジムンの語義について考察した先行研究は数少なく、管見の限りキジムンの語義について定説といえるほどの見解はない。宮城真治は、「キヂムンとは異《け》し物という義であろうか」（宮城　前掲　二四九）と述べているが、説得力のある説とはとうてい思えない。

そういう状況のなか、次にあげる折口信夫の見解は注目に値すると考える。折口は、キジムンの「キジ」の意味について伊波普猷に問うたところ、伊波からは思いあたるものがないという返答を得たと記したうえで、私見として、「キイジ」は「キイマジ」で、「キジムン」は「木蠱物」ではないかとしている（折口

前掲 一七九)。「蠱物」はめったに眼にすることのない漢字であるが、実は、国語辞典で「まじもの(蠱物)」という語で取り上げられている。その意味は、『大辞林』によれば「①まじないをして相手をのろうこと。またその術。②人を惑わすもの。魔性のもの」の二つがあり、②の意味に関しては『雨月物語』に「これらのまじもの(蠱物)らを捉んは何の難き事にもあらじ」という用法があるという(松村編 一九八八)。

折口は直接言及していないが、先の折口説は、沖縄で今日でも多用されているマジムンという語が、日本語の古語である「まじもの」(蠱物)と同語であるという前提にたつものであり、そして結局のところ、キジムンという語は、「木マジムン」という語形から「マ」という音が脱落したものだというのが折口の見解ということになる。キジムンの語源が「木に棲むマジムン」だとするこの折口説は、キジムンの性格からしても妥当性が高いと思われるが、言語学的見地からの意見も聞きたいところである。

次に、保育園の園児の遊戯歌としてもよく使われている「チョンチョンキジムナー」(原案:川上道行・照屋林助、作詞:照屋政雄)の歌詞に注意を向けることによって、キジムナー像の輪郭を浮かび上がらせていくことにしたい。

1 キジムナー小ぬ 家やまーやが チョーバン石ぬ すばどーやー ヽ ガジマル木ぬ 中にどぅ
あんどー チョンヽヽヽ チョンヽヽヽ キジムナーが チョンーチョン
(以下では、チョンヽヽヽ以降の囃子部分は略)

2 キジムナー小が 呼びーが来ね まじゅーん行かや カーマデ ヽ 月ぬ夜や 海かいどーや

3 キジムナー小や 力持ちやさ 魚取い上手ぬ 海ヤカラー ヽ 魚取てぃもうきてぃ まぎ家造らな

4　キジムナー小とぅ　海かい行ちね　魚んグヮサグヮサ　グワッサラコ　ゝ　大魚やいゃーむん
目玉やありがむん
5　キジムナー小が　取ったる魚小や　マクブ、タマンに、イラブチャー　ゝ　カタカシ　ミーバイ
トゥルバイ　カーバイ
6　キジムナー小が　うとぅるしむんや　アカチチミコカとぅ　手八ーち　ゝ　ナンドゥルフィンドゥル
タックァイムックワイ
7　キジムナー小が　うふぁすばすね　フィーやフィんなよ　カーマデ　ゝ　深海やらわん　うっちゃ
んぎらりんど
8　キジムナー小とぅ　友小ないね　旅かい行ちゅしん　ただどーやー　ゝ　唐旅やらわん　アメリカ
やらわん
9　キジムナー小とぅ　遊ぶるうちに　やがてぃ夜ん　明きゆらどー　ゝ　ウスや満しが　早くな急がに

この歌詞に歌い込まれているキジムナーに関する情報は、以下のように整理できる。チョーバン石という家の側にあるガジマル木に住むキジムナーは、その家の住人であるカマデーという男と友だちになった。カマデーは、月夜の晩にキジムナーに誘われて漁に出かける。魚取りがうまいキジムナーのお陰で毎回大漁するが、キジムナーは魚の目玉だけ食べて、あとはすべてカマデーにあげる。カマデーは、キジムナーから貰った魚を売ってお金を稼ぎ、立派な家が造れるほどであった。キジムナーの嫌いなものは、暁を告げる鶏の鳴き声（アカチチミコカ）、蛸（手八ーち）とオナラ（フィー）である。キジムナーは実にいい奴で、

キジムナーと友だちになるとただで中国（唐）旅行やアメリカ旅行にも連れていってくれる。キジムナーとの魚取りは実に楽しいものであるが、夜が明けきらない内に切り上げて家に戻らねばならない。

この歌詞に注意を向けるのは、歌い込まれているキジムナーの性質が、これまで明らかにされてきたキジムナーの性質とかなりの部分が一致するためである。たとえば、『沖縄大百科事典』でのキジムナーについての解説は以下のようになっている。姿は赤面（アカジラー）、赤頭（アカガンター）、小童（グマワラビ）で、古い大樹の穴に住み、行動・性質は、①漁を好み、魚の左目を食い、蛸を嫌い、②松明を持って海や山の端を歩く（キジムナー火）、③寝ている人の胸を押えるなどの特徴をもつ（渡嘉敷　一九八三　八三三）。アカガンターとは、直訳すれば「赤い髪の毛」だが、今風に言えば茶髪といった方が通りがいいであろう。

さて、以下では、キジムナーについて民俗学の立場から考察していくことになるが、民俗学的立場について理解していただくために、日本における民俗学の創始者である柳田國男の妖怪研究を参照することにしたい。なお、柳田の妖怪研究に関しては、藤井隆至の議論（藤井　一九九五　二三九〜二四六）に示唆を得たところが大であり、以下の記述の多くは、藤井の議論に依拠したものであることをおことわりしておきたい。

柳田國男は、岩手県遠野市で伝えられていた話を聞き書きしたものを、一九一〇（明治四三）年に『遠野物語』として出版するが、そのなかの第二七話として次の話を掲載している（藤井に従い要点箇所のみ引用）。

（前略）遠野の町の中にて今は池の端という家の先代の主人、宮古に行きての帰るさ、この川の原台の淵というあたりを通りしに、若き女ありて一封の手紙を託す。遠野の町の後なる物見山の中腹にある沼に行きて、手を叩けば宛名の人出でくるべしとなり。この人請け合いはしたれども、道々心にかかりりてとつおいつせしに、一人の六部に行きあえり。この手紙を開き読みて曰く、これを持ち行かば汝の身におおいなる災いあるべし。書き換えて取らすべしとさらに別の手紙を与えたり。これを持ちて沼に行き、教えのごとく手をたたきしに、はたして若き女出でて手紙を受け取り、その礼なりとて極めて小さき石臼をくれたり。米を一粒入れて回せば下より黄金出ず。この宝物の力にてその家やや富裕になりしに（略）。（藤井　前掲　二四一〜二四二）（柳田　一九八九（一九一〇）二六〜二七）

「池の端」という家が裕福になったことの由来を語る話であるが、藤井が指摘するように、それに関与している二人の「若き女」は明らかに通常の人間ではなく、その意味では妖怪の話と同様に怪異に属しているといいえる。

柳田は、『遠野物語』を出版した翌年の一九一一年に「己が命の早使い」という小論を発表するが（一九五六年刊行の『妖怪談義』に収録）、そのなかで柳田は、『遠野物語』第二七話と同じ話が、遠野地方に限らず、遠野から遠く隔たった甲州と備前にもあり、また、一二世紀に記録された『今昔物語』にも掲載されていること、さらには、中国の古い文献にも似た話が見出されることを指摘したうえで、以下のように述べている。

何故こんな突拍子もない話がわざわざ日本にまで輸入せられたか。また、仮に偶合であるとすれば、何故人の頭脳のなかにこういう思いがけぬ空想が発現したか。これらは、学者が、万年かかっても、とても明らかにする事のできない人類の秘密で、妖怪研究の妙味も、結局するところ、右のごとき神韻渺々の間に行かなければならないのかと思うと、やはり宇宙第一の不思議は、人間その物であるといわねばならぬ。（柳田　一九八九（一九五六）　一二八）

すなわちこの文章から、妖怪や怪異談についての研究が目指すべきものは、妖怪の存否や怪異談の真偽の追究にあるのではなく、それを「空想」した「宇宙第一の不思議」な存在である「人間その物」の研究であるという柳田の考え方を読み取ることができる。「キジムナー考」と題する本書は、キジムナーという妖怪についての研究ではあっても、柳田にならって言えば、キジムナーの怪異談の真偽そのものの解明が目的ではなく、最終的には、キジムナーの怪異談を「空想」した人間についての研究であることを強調しておきたい。

ところで、先述したようにキジムナー譚に共通する特徴として魚の片目（左目）だけを食べるというのがあるが、その背景をめぐる問題について若干触れておきたい。柳田國男に「片目の魚」という論文があって、そのなかで、社寺などの池にすむ魚が片目であるという伝説の存在に注目し、次のように述べている。

つまり以前のわれわれの神様は、目の一つある者がお好きであった。当り前に二つ目を持った者よりも、片目になった者の方が一段と神に親しく、仕えることができたのではないかと思われます。片目の魚が神の魚であったわけは、ごく簡単に想像してみることができます。神にお供え申す魚は、川や湖水から捕って来て、すぐに差し上げるのはおそれ多いから、当分の間、清い神社の池に放しておくとすると、これを普通のものと差別するためには、一方の眼を取っておくということができるからです。実際近頃のお社の祭りに、そんな乱暴なことをしたかどうかは知りませんが、片目の魚を捕って食べぬこと、食べると悪いことがあるといったことは、そういう古い時からの習わしがあったからであろうと思われる。〔柳田　一九九〇（一九二九）二一二〕

すなわち、片目の魚の伝説は、祭の際の神への供物として、ほかの魚と区別するために片目を潰した歴史的事実と関連するはずだというのである。

そして柳田は、同じ論文において、沖縄・奄美のキジムナーが魚の片目を食べることに関しても、以下のように言及している。

また天狗様は魚の目が好きだという話もありました。…山から天狗が泥鰌を捕りに来る…天狗様が眼の玉だけを抜いて行かれるのだといっていました。これと同じ話は沖縄の島にも、また奄美大島の村にもありました。沖縄ではきじむんというのが山の神であるが、人間と友だちになって海に魚釣りに行くことを好む、きじむんと同行して釣りをすると、特に多くの獲物があり、しかもかれはただ魚の眼だけを取って、他は持って行かぬから、たいそうつごうがよいという話もありました。〔柳田　前掲　二一二～二一三〕

沖縄のキジムナーを山の神だとする柳田の見解には関心が引かれるところであるが、ここでは措いておくとして、沖縄や奄美のキジムナーが魚の片目だけ食べることと、日本の各地にある片目の魚の伝説が関連しているだろうというのが柳田の見通しである。ただし残念なことに、柳田は沖縄のキジムナーについてそれ以上の言及をしていない。柳田の見通しについては筆者もその通りだと考えるが、それ以上の議論を展開する力量は筆者にはなく、ここでは柳田の見解について読者の注意を喚起しておくに留めざるをえない。なお、奄美のケンムンと片目の魚の関係については飯島吉晴の論考（飯島　一九八六　一三〇～二五五）があるので、関心のある読者は飯島の論考を参照願いたい。

また、蛸を嫌うのも各地のキジムナーに共通する性格であるが、その意味するところについては筆者には見当がつかず、またこれまでの研究においても、説得力のある見解は出されていないと思う。これについても、今後の課題ということになる。

第二章　富を司るキジムナー

「チョンチョンキジムナー」の歌詞に、キジムナーと一緒に漁をしたカマデーが、魚を売って得たお金で立派な家を造るというのがあったが、本章では、そのことに関わる問題について検討することにする。キジムナーのお陰で人間が富を得るという話は数多く、次の事例はそのひとつである。なお、以下における説話の引用では、読みやすくするために文章の一部を変更することがあることをことわっておく。

事例1

大宜味村謝名城の某家の主人は、ブナガヤに稼がせてなり上った。山に居て、ブナガヤが来ると食い物を始終やって手なずけておき、材木などを運ばせた。大力だから大きな木を担いで、庭の真中に投げ出した。走る事も速くその姿は人に見えなかった。しまいにはブナガヤが離れるのを望むようになり、柱ごしに蛸をかけて置いたら逃げてしまって、その後一切来ることがなかった。ブナガヤは、木のうろの中に居る。〔折口　一九七六（一九二二）　一八〇〕

ブナガヤを使って山から木を運ばせ、そのお陰で「なり上がった（金持ちになった）」家の話である。この話では、後には蛸で脅してキジムナーと縁切りをしているが、その後の展開ついては語られていない。次にあげる二つの事例のように、縁切りをした後の結果について語る話も多い。

事例2

豊見城村名嘉地の大家の大きなガジマルの木にキジムナーが住んでいて、その家の主人と親しくなった。キジムナーは、主人を連れて海に行き、魚をたくさん取ってくれたので、その家は豊かになった。あるとき海でキジムナーの嫌いな屁をしたら、キジムナーは怒ってその家のガジマルには住まなくなったために、その家は貧乏になった。〔山下・他編　一九八九　三八二〕

事例3

宜野湾間切新城村の中泊の屋敷に大きなビンギの木があり、そこに住むキジムナーがその家の翁と友だちになり、毎晩彼を海に連れて行った。キジムナーは魚の左目だけ自分で食べ、あとは翁に与えたために、翁は裕かに健やかに生活していくことができた。翁は、始めは嫌でもなかったが、後には毎晩起こされるのがつらくなってきた。翁は何とかしてキジムナーと手を切ろうと思い、一夜かのビンギに火をつけると、キジムナーは、「熱田比嘉へ、熱田比嘉へ」と云いながら去って行った。その後、裕かに暮していた新城村の家はたちまちつぶれ、キジムナーが移り住んだ熱田村（北中城村）の比嘉家は金持になった。〔佐喜真　一九八二　一九四〕

次に、奄美のケンムンも富を司る性格を有していることを、以下の二つの事例によって確認しておきたい。

事例4

その家は、野菜などを作るには便利の良い所だったが、そこまで行く道が悪かった。その家の後に水溜りがあって、そこの娘は暑い時にはすぐそれに入って浴びたところ、まだ十才にもならぬ娘なのに、おなかが大きくなった。不思議なことじゃねーといっているうちにお産をしたら、生まれた子がケンムンによく似ていた。ていねいに育ててみると、猫か何かみたいに、家の周囲を廻っていた。その家に野菜がいくら出来ても不便なので買いに行かなかったのであるが、女たちはその赤子を見たくて遠方からでも野菜を買いに来たために家計がよくなったそうだ。〔川田　一九八七　五五〕

事例5

オジの奥さんの妹が山に入っていた時、ケンムンに迷わされて妊娠した。生まれた赤子はケンムンの子どもで、頭が丸く、手も足も真黒で手足の指は長かった。いつもヨダレをたらしていたが、たいへん力が強く、山へ行ってたき木を投げたり、モチを容易にひっくり返したりした。その家は笠利村で一番の分限者で金貸しなどもしていたが、そのケンムンの子供が五才ぐらいで死んでしまってから、たちまちのうちに落ちぶれてしまった。〔同前〕

このふたつの話では、主人公はケンムンではなくケンムンと人間の間にできた子供ということになっているが、富を司るケンムンのイメージが反映しているものと理解していいだろう。

ところで、次の話はどうであろうか。平安座島（うるま市）に伝わる話として佐喜真興英が報告したものである。

事例6

浜端の翁がキジムンと友達になり、キジムンは毎晩彼を連れて漁に出掛けた。左の目だけ自分で食べて後は、皆彼に与えた。彼はお蔭で長生きをした。後になって彼は、キジムンと交際するのが末恐ろしくなり、キジムンと交際を絶とうと決心した。ある晩、お前は何が一番恐いのかと聞くと、キジムンは蛸と鶏だと答へた。翁は次の晩タコを門口にかけ、自分は蓑を着て屋根の上に、キジムンがきた時に羽ばたきして暁を告げる鶏の真似をした。キジムンは鶏かと思って立ちよらなかったが、よく見ると浜端の翁であることを知り、取り殺してやろうと進もうとしたが、門口にかけてあるタコが恐くて慄へあがって、そのまま姿を消してしまった。キジムンは浜端の家には来なくなったが、翁はその後三日経って死んでしまった。〔佐喜真　前掲　一九四～一九五〕

この話で、キジムンと付き合って浜端の翁が得たものは具体的な富ではなく長命ということになっているが、長命はすぐれた富の一種であり、これまでみてきた富を司るキジムナー譚と同一のメッセージを伝えるものとして理解していいだろう。

同じことは、キジムナーと縁を切った後の結末についてもいえる。次の説話をみてみよう。

事例7

昔、仲里間切真謝村のウスク下という家のウスクの根元にキジムンが巣を作り、その家の若者と友だちとなっていた。キジムンは毎晩のように若者を誘って、いさりに出かけたので、若者はわずらわしくなってきた。妻の助言もあって、若者は茅を刈り集めてウスクの根元に積み重ね、二人でシーザミという珊瑚礁の岬にいさりに出ている留守に、妻に火をつけさせた。キジムンは、もうここにはおれないから那覇の安里八幡の庭のウスクに行くので訪ねて来てくれと言って去った。数年後、その若者が安里八幡を訪ねて行って様子を聞こうと、とある家に寄って、キジムンとのことを話したら、その主人が突然に囲炉裏の燃えさしを取って若者の目に突き刺した。主人はかつてのキジムンで、若者は盲目にされた。それ以来、ウスク下の家には眼病の者が絶えなかった。〔山下・他前掲　三八一～三八二〕

この話では、キジムンと縁切りをしたウスク下の家が経済的に没落したとは語られていない。しかし、キジムナーと縁切りをした若者は、キジムナーの復讐によって盲目となり、その家から眼病の者が絶えなかったというのだから、説話の意味構造としては家の没落と同じである。キジムナーと縁を切ったためにキジムナーに復讐されるというのはキジムナー譚にはおなじみのモチーフであるが、その復讐の内容が何であったとしても、縁を切ったことによってキジムナーが人間に災いを及ぼすという点では、それらは同一の説話の構造を持つものと理解していいだろう。

以上のことより、キジムナーが家の盛衰を司る存在(2)であることが明らかとなる。くりかえして言うと、キジムナーと仲良くなり、それとうまくつき合っている間はその家は富み栄えるが、キジムナーを追放した家は何らかの災いを被り、衰退することになるのである。この点でのキジムナーは、主に東北地方で伝えられているザシキワラシと共通した性格を有することになるが、それについてはすでに佐喜真興英が指摘している〔佐喜真　前掲　二三八〕。

次に問題にしたいのは、何故人間は富をもたらしてくれるキジムナーを追放し、キジムナーと縁切りするのだろうか、という点である。

第三章　キジムナーと縁切りをする理由

富をもたらすキジムナーと縁切りをする理由について検討するにあたり、次の説話を見ることからはじめたい。

事例8

昔、豊見城にキジムナーウェーキ（ウェーキは財産家の意）と呼ばれる家があった。そこの家のウスク木の根っこは朽ちて洞穴になっていて、キジムナーが隠れていた。その家の主人はキジムナーと一緒に海に行き、他の者は魚が取れないのに、いつも船いっぱいの魚を取って来た。そのお陰で、その家はたいそう金持ちになった。他の人たちは魚一匹も取れないのに、そのキジムナーを養っている家だけがいつも大漁して裕福になったため、妬まれることになった。ある人が、「あのウスク木の下にいるキジムナーを始末すれば、あそこは衰えて、魚はまたみんなが取れるようになるから」と言ったところ、みんなで相談をして、キジムナーが海に行っている時に、その住処を焼くことにした。住処を焼かれてキジムナーが出ていった後は、その家の主人は魚が一匹も取れずに、結局は財産が全部なくなった。〔山下・他　前掲　三七九～三八〇〕

この説話におけるキジムナーとの縁切りは、魚を独占して金持ちになった家が周囲の人に妬まれたことが契機になっており、話の展開としては納得しやすい内容になっている。しかし、この種の筋書は管見の限りではこの一例しかなく、他のほとんどすべては、キジムナーと親しくしてきた当人自身がキジムナーを追放する話である(3)。

縁切りをする理由について多くの説話にあたってみても、明確に語られることがなく、また語られたとしても、キジムナーとの付き合いが煩わしくなったからといった程度のものでしかない。富み栄えたことを妬まれた結果、妬みを抱く人々によってキジムナーが追放されるのは理にかなった筋書で納得しやすいのだが、富をもたらしてくれるキジムナーを、それとの交際が煩わしいというだけの理由で追放したというのは、どうも釈然としないものが残る。話の結末を知っている我々としては、少々煩わしくてもキジムナーとの交際を続けておけばよかったのに、と思うことになるのである。

別稿において筆者は、人間の側からの絶縁の契機になっているのがキジムナーの負の属性ではないかと考えたことがあったが〔赤嶺　一九九四〕、現在では、「友だち付き合いをして富をもたらしてくれるキジムナーを何故人間は追放したのか」という問い自体が、じつは誤っていると考えている。すなわち、現実に生じているプロセスは、ある家が成金になった、没落した、あるいはある家に眼病の者が絶えなかった等の現象が先にあって、それを不思議に思った周囲の人々が、それを説明する手だてとしてキジムナーの話を語り出したと理解すべきはずである。事例3でいえば、新城村のある家が没落し、その後に熱田村の比嘉家が金持ちになったという事実を知っている人々によって、それを説明する手段として、新城村でのキジムナーの追放とその結果としての熱田村への住処の移動という物語が語り出されたということになる。その前提に立てば、キジムナーと縁切りをしたという事実こそが話の筋としては肝心な部分であり、キジムナーを追放した理由は、後付け的なものに過ぎないということになる。それに関連して、以下に引用する折口信夫の指摘にも注意を向けておきたい。

折口は、一九三四（昭和九）年の「座敷小僧の話」という論考において、東北地方のザシキワラシなどと比較しつつ、沖縄のキジムナーに関して以下のように言及している。「沖縄本島の北の部分、国頭地方は、文明が適当の古さに保たれているので、今でもこの地方には、きじむんの話が残って居り、形は見えないが、人の為に石や木を運ぶと信じている。…是は常に労役に使はれるので、それを嫌がって、開放されようとし、時には無理に逃げて行く話もある」（折口　一九七六（一九三四）二六〇）。

また、「沖縄採訪記」の中では、「きじむなあは、居つた家の主人がおもしろくなる［おもしろくなくなる、の誤記か］と、脇へこす。さうして元の家をわるくならせる」（折口　一九七六（一九二二）一〇八）とも述べている。キジムナーが自らの意志で人間と縁を切る話は、筆者は寡聞にして折口のこの指摘以外に知らないが、ここではこの点には立ち入らない。ここで注意したいのは、キジムナーが自ら望んで人間と縁切りをすることもあるということは、人間によって追放された話においても、「人間とキジムナーが縁切りをした」ということが第一義的に重要であり、人間の側による縁切りの理由は二義的意味しか有していないことを示唆していると思われる点である。もちろん、キジムナーとの縁切りの理由が後付け的なものだからといって、それに意味がないということにはならないはずで、たとえばそこから、人間の裏切りについての人々の倫理的な価値観を読み取ることは可能だろう。また、キジムナーのおかげで金持ちになった家の主人が海でキジムナーの嫌いな屁をひったら、キジムナーは怒ってその家から出ていったために貧乏になった（事例2）というある種の不可解さを喚起する話の展開も、縁切りの理由は後付け的なものであるという前提にたてば、笑い話的なものへの傾きということで納得がしやすいように思われる。

第四章　キジムナーの両義的性格

本章では、人間に対するキジムナーの存在が、正・負（プラス・マイナス）両面の性格を有しているということに注意を向けていきたい。まずは、正の側面からみていくことにする。

キジムナーが人間にとってプラスの存在であることは、海での漁や山から木を運ぶ手伝いをすることによって人間に富をもたらす存在であることに端的に現われている。さらに、キジムナーと友だちになり、大和見物に連れていってもらった話（佐喜真　一九八二　一九五）や、キジムナーが住んでいるウスクの木に芋を置くと、一週間ほどでキジムナーと友だちになることができるという話（佐喜真　前掲　一九八）も、キジムナーのプラス面と関わるはずである。

その一方で、キジムナーのマイナス面を語るものとしては、囲炉裏の燃えさしで人間の目に突き刺すなど、人間に非常に残忍な仕返しをするという点に見出すことができるだろう。以下で、キジムナーによる残忍な復讐譚の事例をさらにいくつか追加しておく。

事例9〈粟国島〉

ある若者の家の後ろにあるウスクの木の根元にその若者と友人となったキジムナーが住んでいた。いつしかキジムナーと手を切ろうと思うようになり、キジムナーが夫と漁に出掛けているすきにその妻がキジムンの住処の木を焼き、そこにいた目の悪いキジムナーの子も焼き殺された。それを知らずに住み処と子を失ったキジムナーは、悲しんで島を去っていった。数年して若者が那覇へ豚を売りに行き、ウスクの木の陰で休んでいると、友人が通りかかったので声をかけ話をしているうちにキジムナーの住み処を焼いた話をしてしまう。木の上にいたキジムナーがそれを聞いて、「大事な子を殺したのはお前だったのか。必ず仇を討つ」と言ったので、若者は急いで家に帰るが、すでに家は焼け妻子も焼き殺されていた。〔稲田・他編　一九八三　一三四～一三五〕

この話は「目には目を、歯には歯を」という表現を思い起こさせるが、キジムナーの負の性格、残忍さがよく現われている。伊是名島には、キジムナー（アカブサー）の友だちの男がキジムナーに蛸を投げ付けると、怒ったキジムナーによってその男の子供の目がくり抜かれていたという話がある〔稲田・他編　前掲　一三五〕。

さらにもう一点、一八世紀の中ごろに首里王府が編纂した『遺老説伝』に掲載された以下の説話にも注意を向けたい。

事例10

往古の世、真壁間切の宇江城村に、漁を営んでいる久嘉喜鮫殿という男がいた。毎夜、海で漁をしていたが、ある晩一人の人物と知り合いとなり一緒に漁をする友人となった。ところが、この人物は、容貌が時に変ることがあり、また、話す言語も普通ではなかったので、鬼が人間に化けているのではないかと疑うようになった。このまま交際を続けると害を被るかも知れないと考え、交際を絶つことにした。ある夜、漁を終えて家に帰るときに、窃かにその人物の後をつけていくと、村の前にある当山に往き去り、化して一株の桑樹の老木に入って見えなくなったので、妖魔に変じたことは疑いなかった。鮫殿は、驚いて家に帰りそのことを妻に話し、その妖魔が漁に出掛けているすきに、妻に言い付けて桑の木を焼かせた。住居をなくした妖魔は国頭に行ってそこに住むようになった。ある日、鮫殿が用事で首里にいるとき、市場で出会った朋友と一緒に酒家に入って歓談した。そして、桑木を焼いたことを朋友に話をすると、かれは激怒して、持っている小刀で鮫殿の指の間を刺した。かの妖魔が朋友に化けていたのである。鮫殿は、その傷がもとで死んでしまい、宇江城村の前原に葬った。鮫殿の身体は、人と異なり肌は鯖鮫の如しで、指の間だけが人間の肌と同じであった。妖魔が鮫殿の指の間を刺したのはそのせいであった。〔嘉手納編訳　一九七八　一六二～一六三〕

この説話にはキジムナーという言葉は登場しないが、「妖魔」の住み処が桑の老木であること、漁を営んでいること、友人関係にあった人間によって住み処を焼かれ、後にそれが露見して人間に復讐をしたという筋書きからして、キジムナー譚の類話であることは疑いえない。一般的なキジムナーの話と異なっているのは、縁切りの契機となるのが付き合っている人間が妖魔であることを見破ったという点であり、キジムナーの負の側面があらかじめ露見してしまった、と解釈することもできるだろう。

さらに、キジムナーの性格のマイナス側面を示すものとしては、おなじみの寝ている人の胸を押さえつける話や、キジムナーが人間の霊魂を抜き取るという話〔佐喜真　前掲　一九八〕などをあげることもできる。久高島（南城市）では、キジムナーに連れ去られた女性が、村人の必死の捜索により洞穴から発見され家に連れ戻されたが、赤土を食べさせられた痕跡があり、周囲の人間による看病のかいもなくしばらくして病死したという話が伝えられている。

以上、キジムナーの両義的性格についてみてきたが、佐喜真興英がキジムナーを呼ぶ時と退けたい時の両方の呪言をあることを指摘している〔佐喜真　前掲　一九七〜一九八〕ことも、キジムナーの両義的性格と関係があるものと理解されよう。奄美のケンムンの両義的性格については、川田牧人の指摘がある〔川田　一九八七〕。

さて、このキジムナーの両義的性格に関連して、奄美のケンムンの由来譚は注目に価する。福田晃がケンムンの由来譚を四つ紹介しているが〔福田　一九九二　三五七〜三六七〕、ここでは、その内の以下の三つに注意を向けたい。福田に従い、読みやすいように箇条書き形式で示す。

事例11

(1)ケンムンになったのは、ノロ神様の姪・甥で、両親が死んだので叔母に引き取られていた。姉が七つ、弟が五つだった。叔母がある日、二人に、「山に行ってジヒキ（すすき）の葉をとって来い」と言いつけた。二人は、山の中を一日中捜し回ったが、ジヒキがどんなもんかもわからず捜せないので悲しくなって泣いていた。

（2）するとそこに髭をはやした爺さんが来て、「わらべ、わらべ、日が暮れるまでどうしてそんなに泣いているのか」とたずねた。「叔母が『ジヒキの葉を取って来い』と言ったが、どんなものがジヒキかわからないし、『持って来ないと家に入れない』と言ったので」と言って泣いていた。「そうか、それではフッシュ（爺さん）がとって持たせるから、それを持って行けよ。そして家の中には入らないで、これを後向きに投げ入れて来い。そしてふたりはこれから先は海岸で貝を採って暮らせ」と言った。子供たちはフッシュの言う通りにした。

（3）そして冬になると塩風が吹いてとても住めないので山に来た。そこへフッシュがきて、「なぜ、また山に来たのかね」と聞いたら、「海岸でばかりは住めないので山に来た」と言ったら、「では、フッシュの言う通りにするがよい」と言って、「山に三カ月、川に三カ月、海に三カ月暮らせ。それからもうひとつ言うことがある。人間がこの山に来たら、お前は谷に行って、谷に来たら山に行って、絶対に顔を会わすなよ。人間をワヤクしたり（からかったり）するとすぐに海にやるから」と言ったら、「そうする」と答えたので、「では名前をつけるから」と言って、「ケンムン」と言う名前をつけたそうな。

事例12

（1）ある人が嫁に行ったけれど、姑めがとてもきびしくしていじめたそうな。
（2）最後には、夫も姑めといっしょになって、嫁をだまして奥山に連れて行ったそうな。
（3）そして、両方の手を広げて、ガジュマルの木に、五寸釘で打ちつけたそうな。そして殺したそうな。
（4）この嫁の魂が、ケンムンになったそうな。神様にはなることができず、人間に石を投げたり、干瀬や山のガジュマルの木にいたりするそうな。
（5）ケンムンは、人が「おうい」と言うと、「おうい」と答えて、「相撲取ろう」と言うそうな。夜歩いていると、火が何十もついいたり、消えたりするのを見ることがあるけれど、あれは、ケンムンの頭に皿があって、その中の水が光って、そう見えるということだよ。

事例13

（1）昔昔大昔、或る所にネブザワという男とユネザワという男と二人の漁師が居たそうな。ユネザワには美しい妻がありナブザワは独身であったそうな。或る日二人は一隻の舟に乗って漁に行ったそうな。魚を沢山釣り、夕方になって帰ろうとしたとき、碇が珊瑚礁に引かかり上らなくなったそうな。するとユネザワが潜って行って碇を礁から離しし海面に上ってきたそうな。そのときネブザワは出来心を起して、今海面に浮き上ってきたユネザワの頭をヨホ（舟を漕ぐ櫂）でたたきつけて死なせた上、碇に縛って沈めたそうな。そして一人で帰り、ユネザワの妻には鮫に喰われたと告げたそうな。
（2）ユネザワの妻は黙っていたそうな。ネブザワは毎日のようにユネザワの妻の所を訪ねて慰めたそうな。ユネザワの妻は毎日浜に降りて沖を眺めていたそうな。そして四十九日の日、ユネザワの妻が浜に降りてみると海は大変荒れて高い波が打ち寄せていて、波打際にユネザワの遺骸が打ち上げられていたそうな。遺骸は鮫に喰われたような跡形はなく、頭が何かで砕かれているのをユネザワの妻は確かめたそうな。しかしそのことは誰にも言わずに親類を集めて墓に埋めさせたそうな。

（3）それから半年ばかり経って、ネブザワはユネザワの妻に自分と一しょに暮して呉れと言ったそうな。ユネザワの妻は「あなたがわたしの言う通りの木で家を作れば一しょに暮しましょう」と答えたそうな。するとネブザワは大そう喜んで「何でも言う通りにします」と言い、その翌日二人連れだって山に木選びに出かけたそうな。

（4）ネブザワは「どんな木がよいの」ときいたそうな。するとユネザワの妻は「あなたの両手でまわして両手の平が丁度重なる大きさの木を探して下さい」と言ったそうな。山に木は仲々見付からず、次第に山の奥へ奥へと入って行ったそうな。深い深い奥山に達したとき丁度女の言う通りの木があったそうな。ネブザワがその木を両手で抱きまわして計っていたら、ユネザワの妻は木の後に廻わり、「この木はよさそうです。ちょっとの間そのままにしていて下さいよ」と言いつつ、素早く隠し持っていた釘と金槌を取り出し、ネブザワの掌の甲の上に釘をあてて金槌を振り上げ、全身の力をこめて打ち込んだそうな。ネブザワが「あっ」と叫んだときにはもう後の祭り、釘が両手の掌を縫うて木の幹に喰い込んでいたそうな。ネブザワがいくらもがいても離すことはできなかったそうな。ユネザワの妻は「夫の仇、ひと思いに死なすよりはこの方が夫の恨みが晴れるでしょう」と言い残してそこを立ち去ったそうな。

(5)ネブザワは手の痛さも忘れてもがいているうちに力が尽きて動かなくなり、やがて日が暮れて、からすの声が通り過ぎ、続いてクフが鳴きユシキョ（怪鳥）の声がし、もうそこは人間の息づく環境とはまるで異なる陰界の雰囲気を呈していたそうな。ネブザワが生きているとの意識もなく朦朧としているとき、急に四方が明るくなり、真白い着物を着た神様が降りて来てネブザワに向い、「おまえはユネザワを殺したことの外は悪いことをしてないから助けてやるが、人間に戻すわけにはゆかない。半分人間半分けだものにして上げる。人里に降りて害をするな。その代り水中空中自由に駆けられる力を与えよう」と告げて消え去ったそうな。

(6)ネブザワがはっと目を開けたら夜が明けていて、手は木から離れていたそうな。しかし自分のからだは人間の姿ではなく、身体一ぱい毛が生えており、手と足が無闇に細長くなり、何とも言いようもない奇妙な姿になっていたそうな。ネブザワは「こんな姿では里に降りられはせんわい。人に見られるのも辱かしい」とつぶやき、それからは昼間はなるべく木や岩の暗い洞穴に隠れ、夜だけ出歩くことにしたそうな。

(7)これがケンモンのはじまりであり、すなわちケンモンの元祖であるので、ネブザワという元の自分の名を聞くのを嫌がるんだとさ。

さて、これら三つのケンムンの由来譚で注目したいのは、ケンムンになったのがいずれも残忍な仕打ちをされた人間のなりの果てだということである。すなわち、事例11では、叔母にいじめられた姉弟が、事例12では姑と夫に殺された嫁が、事例13では、友人の妻によって仇討ちされた男がケンムンになるのである。さらに注目すべきことは、二つの事例における両手に釘を打ち付けられて殺されるという殺害の方法であり、長期間におよぶ極度の身体的苦痛を伴った死であることは、死後のその魂の荒ぶれようや怨霊性が暗示されている。

結局のところ、ケンムン（キジムナー）の起源譚における残忍な仕打ち、残酷な殺害方法は、キジムナーの両義的性格におけるその負の部分と関わるものと理解できるはずである。言い換えれば、キジムナーの負の部分を説明するものとして、これらのケンムン由来譚は語り出され、語り継がれてきたということになる。沖縄の勝連町には、キジムナーを水死人の亡霊が妖怪化したものとする説があるが〔福田（恒）編一九六六　三九三〕、そのこともキジムナーの負の性格と関連すると筆者は考えている。[4]

次に検討したいのは、キジムナーの両義的性格と木の精の性格との関連についてである。結論を先に言うと、キジムナーの両義的性格は、キジムナーの正体ともいうべき樹木の精霊に対して人間が抱く観念が反映したものだということである。以下で見るように、説話やその他の民俗資料を参照すると、樹木の精霊に対する観念にも、両義的性格を窺うことができるのである。

樹木が家屋や船などの材料となって人間に多大な恵みを与えてくれることが、樹木（樹木霊）のプラス面と関わることは論を待たないだろう。さらに、つぎの木の精の話にも注意を向けたい。

事例14

樵夫が山路を踏み迷って途方に暮れると、かの木の精の木なる椎の木の下に、一夜の加護を頼む。椎の木は、必ずよくスジヤ（人間）を加護して下さるのである。樵夫は木の下にまどろむ間に、よく次の様な木の精の会話を聞くことがある。

第一の木精　オーイ

第二の木精　オー

第一の木精　一つ夜遊びに出掛けようじゃないか。

第二の木精　俺も一緒に行きたいが、今晩は駄目だよ、スジヤを留めてあるから。

山に迷った樵夫は、椎の木を見出せばそれで助かったと十分安心することができる。村人も、山に迷った者を捜す時には、椎の木の下を尋ねていく。それで大抵助かるのである。

〔佐喜真　前掲　一九六〕

この話では、樹木一般ではなく「木の精の木」とされる椎の木に限定されているが、木の精のプラス面に関わるものとして理解しておきたい。なお、椎の木の精が、山で迷った人間を助けるという話は、島袋源七の『山原の土俗』にも採録されている〔島袋　一九七四　三五一～三五二〕。

次に目を向けるのは、木の精が人間にたたりやすい畏怖すべき性格を持つことを示す資料で、以下に揚げるのは、筆者が南風原町津嘉山で古老から聞いた話である。

事例15

綱引きのカナチ棒（結合した雄綱と雌綱を固定する木）は、安易に伐ることはできない。部落内の木を伐る場合、三名の綱頭があらかじめ適当な木の検討をつけておく。しかし、木を伐る当日までそこに一人で行ってはいけない。さらに木を伐る時にも、現場で次のような作法を守らないといけない。三名の綱頭の内の一人が、「この木がいいのではないか」と木を指さす。それに答えて他の二人が「うん、これがいい」と同意する。そして、酒とヒジュルウコー（火をつけない線香）を供えて願いをしてから伐る。それを守らないとキーヌシー（木の精）がたたる。二〇年ほど前に、その作法を守らずに、木を伐る前に、その木をひとりで見に行った人が次々と、三名ほど亡くなるということが起こった。これは、キーヌシーのたたりである。

この事例において、木を伐る前に木の前で三名の綱頭が儀礼的問答をするのは、言葉を発して木の精に直に聞いてもらったうえで伐採の許可を得るためだと思われる。さて、この事例は、対処の仕方を誤ると、樹木の精霊は人間を死に至らしめるほど恐ろしい存在としてイメージされている。

かつては、屋敷や畑の畦などに生える樹木は、通常の日には伐ってはならず、旧暦十二月八日のムーチー（鬼餅）の日に伐るならわしだった村が少なくないのも、樹木の精霊の祟りやすさと関係しているだろう。南風原町喜屋武では、鬼餅の日を「山ユリーの日」とも称しているが、ユリーは許すという意味だとすれば、木の伐採を「山の神が許す」という観念があった可能性も考えられる。

久高島の事例にも目を向けてみると、久高島では、旧暦十一月にフバワクという行事があり、行事の一環として御嶽の蒲葵の木の不用な葉が切り落とされる（フバは蒲葵の意で、ワクは切り落として整えるの意がある）。そして、屋敷内などの木は、そのフバワクの行事が終えてからでないと伐ることができず、かつ、伐る際には、フバワクの御嶽での行事に参加したヤジク（村落祭祀組織を構成する一階梯の名称）の人が鎌で伐る所作をしてから伐るしきたりになっていた。

これらの樹木の伐採における注意深い対処の仕方には、人間に祟りやすい木の精のイメージが反映していることは間違いない。宮古の多良間島では、「悪日に人魂が泣くと山を荒らした人の魂が『キヌカムトゥガミ』（木の神咎み）を受けたといわれ、島民が何か事故、災難、病気などすると『木の神咎みがある』というユタも多かった」〔多良間村史編集委員会編　一九九三　二三二〕とされるが、これも同じ脈絡で理解すべきだろう。

次に注意を向けるのは、先にあげた奄美のケンムンの由来を語る事例13の類話が、沖縄本島、宮古、八重山と広い分布を示している点である。福田晃〔一九九二〕に依って読谷村長浜の事例を掲げておく。

事例16

(1)友だち同士の漁師が、いっしょに漁に出たが、舟が難破してしまった。一人は泳ぎ上手で、泳ぎの下手な友だちを舟に残したまま家に戻った。舟に残された一人は、舟もろともに海に沈んで死んだ。

(2)海から戻った漁師は、友だちの家を訪ねて、舟の難破を伝えた。死んだ漁師には美しい妻があり、それを聞いて生き残った友だちの漁師をなじった。

(3)その美しい妻には娘があって、その子が成長した頃に、生き残った漁師に相舟作りを持ちかけ、舟を作るための松の木を探しに、娘ともども漁師を誘って山に入った。

(4)妻と娘とは、大きさをはかるためとて、漁師に松の大木を抱かせ、ともども漁師の手をそれぞれ釘で打ちつける。

（5）その漁師は、そのまま木の精と化し立つようになったという。

〔福田　前掲　三六四〕

福田晃は、奄美ではケンムンの由来譚として語られる説話が、沖縄では、この事例のように木の精の由来譚として語られる傾向にあることを指摘しているが〔福田　前掲　三六七〕、そのことからも、木の精とキジムナー（ケンムン）との間にはつながりがあることが理解できるだろう。

かつて人々は、自然の中で樹木と親しみ、自らが山に分け入って樹木を伐り出し、それを家屋や船の資材として利用してきた。そのような時代が長きにわたって続いてきたのであり、キジムナーの話は、そのような長きにわたる自然との緊張関係の中から生み出されたものであっただろう。人々は自然の恵みに感謝しつつ、一方ではその自然のもつ恐るべき側面に関しても常に自覚的であったはずで、そのことが、木の精やキジムナーに対する両義的観念を生み出し、支えてきたものと思われる。

「最近、キジムナーがめっきり見えなくなったのは、沖縄戦の時に艦砲射撃で皆やられたらしい」という説があるという。キジムナーの絶滅化の一方では、大宜味村は一九九八年の村制九〇周年記念事業として、ブナガヤのキャラクターデザインを公募し、大賞に選ばれた作品（写真1）を村起こしに活用しようと試みている。大賞に選ばれた作品は愛らしくデザインされており、子どもたちのマスコットに相応しいものとなっている。当

写真１　ぶながやの里のキャラクター

然のこととはいえ、人間を拉致したり、人間に残忍な仕返しをしたりするキジムナーのネガティブな側面は完全に捨象されており、その点は冒頭に掲げた「チョンチョンキジムナー」の歌も同様である。

キジムナーの絶滅化と、一方でのキジムナーのマスコット化という今日的現象は、われわれの社会が長い歴史を通じて維持してきた人間と自然との緊張関係が失われてしまったこと、あるいは失いつつあることと相関関係にあると考えていいだろう。

第五章　山から木を運ぶキジムナー

伊波普猷は、キジムナーを「もと海から来たスピリットで、薮の中や大木の上に棲み、人間には少しも害を及ぼさないもの」（伊波　一九七四（一九三六）　三二二）と述べているが、海から来たスピリットであることの根拠は示されていない。また渡嘉敷守も、キジムナーが海で漁を営むことに着目してキジムナーを海に原郷を持つ存在として捉えている（渡嘉敷　一九八二　四六九～四七〇）。これらの見解は、先に検討したキジムナーの語義からしても同意できるものでなく、本章で注目するところの「山から木を運ぶキジムナー」の性格を無視したことから導かれた誤った見解である。

本章では、従来の研究では注意が向けられることのなかった山から木を運ぶキジムナーに焦点を当てることによって、キジムナーについての理解をさらに深めていくことにしたい。木を運ぶキジムナーについては、すでに事例1として大宜見村謝名城の事例をあげておいたが、次にあげるのは、同じく大宜味村の話として佐喜真興英が記録しているものである。

事例17

大宜味間切高里村屋号六又（ムツマタ）の主人がブナガ（木の精）と友人となり、毎晩彼の家を訪ねて来た。来る度に優遇してやったので、ブナガも恩に感じて彼のために材木を運んだり、家や道具を作る手伝ひなどをした。然し後には彼はブナガとの交際がいやになった。此と手を切らうと思って、或日ブナガにお前は世の中に何が一番恐いんだと尋ねたら「タコ」と云ふ答を得た。そこでその晩彼はタコを用意して此をブナガに投げつけた。ブナガは驚いて逃げた。それから六又の家を訪ねなかった。毎年八月八つ手（タコ）を飾ってブナガの祓をするのは此に因るのである。〔佐喜真　一九八二　一九五〕

大宜見村の二つの事例から、山から材木を運び、あるいはさらに家造りを手伝うというキジムナーの性格が明らかになる。山から材木を運ぶというキジムナーの話は、その他に、大宜味村白浜と国頭村安田からも採録されているが〔稲田・他　一九八三　三六七〕、他のモチーフに較べるとそれほど数は多くなさそうである。しかし、このモチーフを有する話がかなり古い時代から存していたことは、十七世紀初頭の琉球に滞在した僧侶の袋中が記した『琉球神道記』の次の記事からして明白である。

事例18

又山神、時有テ出コト、國人間見ル也。希有トモセズ。國上ニシテ船板ヲ曳ニ。山険阻ニシテ、人力侭ヌ。山神ヲ頼ム。即出デ、次郎・五郎ト云、両リノ小僕ヲ下知シテ曳シム。両人棒ヲ以、材ヲ遣。長ノ姿明ラカナリ。但シ面相ハ明ナラズ。長袖也。衣裳忽ニ変ズ、或ハ錦繍、或ハ麻衣ナリ。多人モアリ、一人ノ時モアリ。二僕ハ日本衣裳。小袖ニ上袴也。名モ日本ムキナリ。若誤コト有ラン。打ル、コト有レバ、哭声犬ニ似リ。〔横山編　一九七〇　一一四〕

この話でいう「國上」〈国頭〉は、沖縄本島北部のいわゆる山原地方のことだと思われる。造船用の材木を山原の山から伐る際に、琉球国の人たちは「山神」〈山の神〉に依頼するのだが、山の神は次郎・五郎という二人の小僕に言い付けて〈下知して〉それを実行させるというのである。小僕という表現は、次郎・五郎が山の神の家来であり、かつキジムナーがそうであるようにその身なりが小さいことを意味しているだろう。次郎・五郎が日本衣装を着ているとか、名前も日本的だというのも興味深いが、いずれにしてもこの次郎・五郎が、今日のキジムナーに系譜的に繋がるものであることは疑い得ない。

この説話の舞台も沖縄本島北部であるが、山から木を運び家〈船〉造りの手伝いをするというモチーフの話は、砂川拓真が指摘するように山が豊富にある沖縄本島北部に集中的に分布するものである〔砂川二〇一三〕。

山から木を運ぶキジムナーの性格に注目する理由について言及する前に、類話が宮古と奄美にも存在することを確認しておきたい。宮古にはキジムナーという言葉はないが、キジムナーと類比できる説話上の存在が認められる。マズムン〈マズムヌ〉あるいはインガマヤラブ、インガマヤラウなどと呼ばれるものがそれであり、まずは、旧伊良部町佐和田の次の説話に注意を向けたい。

事例19

伊良部の人がインガマヤラウというマズムン（魔物）と友だちになり海に漁に行くが、マズムンのすみかをつぎつぎと焼いたので、マズムンは八重山に移り住むことにする。マズムンが「遊びにこい」と言ったので、男は八重山に行きマズムンの家を捜す。男はマズムンの友だちに会ってマズムンの家を聞き、「マズムンの家を焼いたのは自分だ」と話す。マズムンの友だちが　それをマズムンに話すと、マズムンは男に仕返しをしようと思い、みやげ箱を一つ与えて、「家に帰ったら、家族を集めて戸を閉めきって箱を開けろ」と言う。男は帰る船の中でみなに「箱を開けて見せろ」とせがまれ、箱を開けると、マラリヤの菌が飛んでいって来間島に着き、島の人はみな死んだ。〔稲田・他編　前掲　一三七～一三八〕

この説話に登場する「インガマヤラウというマズムン」は、人間と漁をし、住処を焼いた人間に復讐するという点において、キジムナーと同じ性格を有していることがわかる。罪のない来間島の人たちがマズムンの仕返し犠牲になったという語りは興味が引かれるところだが、その点は不問に付しておく。

つぎに、宮古のマズムンも家造りのために木を運ぶ性格があることを、以下にあげる旧上野村新里の説話によって確認したい。

事例20

津波で生き残った人たちが、知らずにマズムン（魔物）の集まる所に村を作る。村人たちが広場で踊っていると、マズムンも加わって踊り、鳥の鳴き声がすると帰っていく。ふしぎに思った村人が鳥の鳴きまねをして、あわてて帰ろうとしたマズムンを朝までつかまえていると、焼けた木になる。マーガという人がマズムンたちのところへ行って、「家を建てる材木を運んできてくれたら、ごちそうをする」と言うと、マズムンは承知する。マズムンたちが家の近くまで材木を運んでくると、屋根で鳥の鳴きまねをすると、マズムンたちは材木を置いて逃げる。マーガは翌日の夜「ごちそうを作って待っていたのに、なぜ来なかったか」とマズムンに言い、同じようにして一軒分の材木を運ばせた。〔稲田・他編　前掲　三六八〕

類話をさらに紹介しておこう。旧城辺町西中の事例である。

事例21

カタイラマーガ（人間）が家を建てようと、インガマヤラブ（魔物）にヤラブの木を切ってもらう。翌日カタイラマーガは蒲葵の葉の扇を作り、インガマヤラブが来たとき、二度にわたり屋根に上がって扇であおぎ鶏の鳴きまねをすると、インガマヤラブは木を置いて逃げる。二、三日してカタイラマーガは「木も集まり、茅も苅っている」と言って、インガマヤラブに家を造らせ、祝いのときカタイラマーガが木に登って鶏のまねをすると、インガマヤラブは逃げていった。〔稲田・他編　前掲　三六七〕

このように、宮古の説話に登場するマズムンやインガマヤラブは、沖縄本島地域のキジムナー同様に、材木を運び、家造りを手伝う性格を有していることがわかる。キジムナーとの違いは、宮古の場合は、人間にだまされて木を運ばされるという点にある。事例20の「マズムンを朝までつかまえていると、焼けた木になる」という語りやインガマヤラブのヤラブが樹木の名称であるのは、この妖怪が、キジムナーと同じく木の精霊の化身したものであることを示しているものと思われる。

次に、奄美のケンムンについてみていきたい。福田晃が紹介するケンムンの四つの由来譚の内の三つに関しては先に取り上げたが、以下にもう一つの由来譚を揚げておく。

事例22

(1)昔、ある所にひとりの大工の棟梁がいた。その人は独身で、自分には嫁の来てがないだろうと思っていた。ところが、同じ村に絶世の美人がいて、これまた自分には良人《おっと》になる人がないだろうと思っていた。が、ある日のこと、棟梁が美人を見染めて、自分にはあの人以外には妻になるものはいないと思ったので求婚した。

(2)ところがその女がいうことには、「はい。あなたの妻になりましょう。だが一つ条件があります。それができたら私はあなたの奥さんになりましょう」と言った。その条件とは、畳が六十枚敷ける家で、内外の造作のできた立派な家を一日で建築してほしいというのであった。

(3)それで棟梁は「よろしい、一日で完成してみよう」と言って家に帰った。ところが容易に引き受けたものの、はたと困ってしまった。考えに考えぬき、そこで彼は藁人形を二千人作ってまじないをして、息を吹きかけてみたら人間になった。彼は、二千人のひとりひとりにそれぞれの役を割りあてて、その一日で注文通りのすばらしい家を完成した。
(4)そこで彼は彼女の所へ行き、約束を果たしたことを告げると、「仕方がありません。約束通りあなたの奥さんになりもしょう」と言って、そこで二人は夫婦になった。
(5)数年経て、妻が棟梁に「自分はこの世の者ではない。自分は天人である。だから人間であるあなたと暮らすことはできない」と言った。が、棟梁も、「自分も人間ではないテンゴの神である」と言った。そして、「先の二千人の人間は元に返そう」と言って息を吹きかけたところが、みんなケンムンになった。
(6)そこで千人は海、残りの千人は山に放してやった。七月頃になると、「ヒューヒューヒュー」と言いながら海から山にケンムンが登るそうだ。(福田　一九八二　三五五〜三五六)

この話では、大工の家造りの手伝いをした藁人形がケンムンになったとはっきりと語られていることに注目したい。この点を踏まえたうえで、奄美のケンムンに関する資料に注意を向けていくと、たとえば、「クィンムンは人間に悪戯もするが、また協力もする。山から木を伐って下ろす手伝いをしたり、海での貝拾いを手伝ったりする」(登山　二〇〇〇　六二)という報告を見いだすことができる。

また、幕末期の奄美のことを記録した名越左源太の『南島雑話』の以下の記事も貴重な資料である。すなわち、「水蝹(カワタロ、山ワロ)」について、「好て相撲をとる。適々其形をみる人すくなし。且て人にあだをなさず。却て樵夫に随、木を負て加勢すと云。(略)」と説明したうえで、続けて「水蝹一種(宇婆)と記し、さらに「宇婆はケンモンの類にて折々嶋人迷ひし方に、山野に引まよはす事有」と述べている(名

越　一九八四　四一～四二〕。この記述から、名越左源太が「カワタロ、山ワロ」と呼んでいるのはケンムンと同種であることがわかり、ここにも、樵夫の手伝いをして木を運ぶケンムンの姿を見いだすことができる。

ところで、この記事には、ケンムンはかつて樵夫の手伝いをするなど人間に好意的なことをしたが、現在（名越左源太がこの記事を書いた幕末期）では人間に害を及ぼす存在になってしまったことが示唆されている。川田牧人もこの記事に関連して、「これは幕末の記述であるが、しかし時代が下がるにつれ、このようにケンムンを好意的に評価するものは少なくなる。ケンムンはむしろあだをなすもの、害を及ぼすものとして語られるようになる。筆者の調査においては、山にあらわれるケンムンは、恐ろしいものとしてのイメージが強く、避けるべき対象として語られるケンムン譚が多く得られた」と指摘している〔川田　一九八七　五三～五四〕。その指摘を踏まえると、樵夫の手伝いをするというモチーフのケンムン譚を得るのは容易なことではないことが予想され、実際筆者も、上記のもの以外に類話資料を確認するには至っていない。

これまで筆者は、山から木を運び家造りの手伝いをするキジムナーにこだわってきたが、実はそのことの背景にあるのが、これからみていく「八重山のキジムナー」の存在である。

原田信之は、八重山地域におけるキジムナーと同類の妖怪の名称として、石垣島のマンダー、小浜島のマンジャー、マンジャースー、西表島のアカウニなどがあるとし、次の小浜島の事例をあげている。

事例23

昔、男がマンジャーと友達になった。毎日魚を取り、マンジャーは目玉を、男は魚を取った。うるさくなった男は、マンジャーが出てくるあこうの木に火を付け、伐採した。怒ったマンジャーは、

男を呪い、焼いたので、男は岩の下に隠れた。〔原田 一九九〇 二二〕

この話に登場するマンジャーは、友人となった人間との魚取り、人間の裏切りとその後のマンジャーによる復讐などの筋書きからして、明らかに沖縄のキジムナーと同類のものである。類話は、西表島でも確認できるのでそれについてもみておこう。

事例24

網取のクバデーサーの木にいたシーというのは木のヌシ(主)のようなものです。クワーキ(桑の木)にもやっぱりヌシがいます。桑の木の穴から人の形をしたシーが出て来て、魚をとる時にたくさん魚がとれるように助けてくれるのです。〔山田(雪) 一九九二 一八五〕

「人の形をした木のシー」というのはキジムナーそのものであり、魚取りのモチーフも沖縄のキジムナーの話と一致する。このように、数は少ないものの、八重山地域においても沖縄のキジムナー譚と類比できる説話があることがわかる。しかし、筆者が注目したいのはこの種の存在(説話)ではなく、じつは、これまで沖縄のキジムナーとの関係では全く言及されることなく看過されてきた説話が八重山地域には存在しているという事実である。

以下にあげるのは、「小人伝説」という項目で『沖縄文化史辞典』に掲載されたものである。

事例25（西表島祖納）

昔、西表島の祖納部落にひとりの貧しい若者がいた。住むに家なく、着たきり雀の乞食同然のあわれな姿で、誰も相手にしてくれない。赤子の時に両親を失い、お爺さんに養われたが甲斐性がないので、お爺さんにもきらわれて家を追い出されてしまった。悲しさのあまり若者は泣きながら、無茶苦茶に山奥を歩きまわり、泣き疲れて洞穴かと思われるばかりの大木の虚《うろ》にたどりつき死んだようにねむった。何時間たったかわからぬが、ふとどこからか声がする。「若者よ悲しんではいけない、元気を出して懸命に働けば、きっとお前は幸福になれる。御前はこれからすぐお前が生まれたお父さんお母さんの屋敷に帰って見るがよい」。ハッと若者は起き上がった。木の虚《うろ》からさすがすがしい朝の光に、若者は元気を取りもどして山をかけ下り、自分の屋敷にいった。ところがどうだろう、屋敷は草一つないまでに掃き清められ、屋敷の真中に大きな大黒柱が一つ立っている。これはどうしたことか、昨夜の夢といいこれはただごとではないぞ、と若者は物陰に隠れて、しばらく様子を見ているとたくさんの小人がエッサ、コラサといろいろな材木を運んで来る。物に憑かれたように若者が小人の後を見え隠れにつけていくと、だんだん山奥へ入り、驚いたことにたしかに昨夜一夜の宿を借りたあの大木の虚へ入っていくではないか。彼は夢ではないかとじっと目をこらしていると今度は小人たちがエッサ、コラサと建築材料をかついで麓へととんでいった。彼は木のほらの入り口へ近づき、そして梢を見上げると、それは西表の樵夫達がジンピカレーといっている木（和名、ヤンバルアワブキ）であった。若者はその一枝を折り取って急いで自分の屋敷へ引き返したが、そこにはりっぱな家がすでにできあがって村の人達が集まって落成式の準備をしているところであった。村の人たちは若者を大黒柱のそばに案内した。若者がよくよく見れば、それはジンピカレーであった。思いあたるところがある若者は、手にもったジンピカレーの枝を打ち振り打ち振り大きな声で落成式の祝いごとをとなえながら大黒柱のまわりを何回もまわり、村の人たちも唱和した。それ以来だれも若者を馬鹿にする者はいなくなった。小人の話を伝え聞いた村人たちは誰いうとなくジンピカレーにユピトゥンガナシ（寄人加那志）の名をつけ、柱立て（建築の初め）の儀式にはかならず大黒柱の先きにユピトゥンガナシをかけるようになった。〔前栄田・他編　一九七四　一四一〜一四二〕

この「小人伝説」は、琉球諸島の説話資料を集大成している山下欣一・他編〔一九八九〕および稲田・他編〔一九八三〕にも収録されておらず、キジムナー説話の類話としてとりあげられたのはかつて一度もないが、これまで山から材木を運び家造りの手伝いをするキジムナーの話をみてきた我々としては、この説話に登場する小人は「八重山のキジムナー」だと断定することができる。この説話から「八重山のキジムナー」が建築儀礼と関わっていることを窺うことができるが、以下の第Ⅱ部において、八重山における建築儀礼とキジムナー（木の精）をめぐる問題について検討していくことにする。

第二部　樹木の精霊と家の神

はじめに

住居を造るという営みには、自然の領域に属する樹木や茅などを加工して人間のものにするという側面があるが、自然の領域から人間の領域に移行させる際に、人間は樹木や茅などの精霊たちといかなる交渉をしているのだろうか。第二部では、第一部で行ったキジムナーについての考察につなげるかたちで、八重山諸島の建築儀礼に注意を向けることによって、この問題について検討していきたい。なお、予想される主要な論点をあらかじめ明確にしておくために、沖縄本島（および奄美）地域の建築儀礼のいくつかの事例に指目することからはじめたい。

第一章　家屋から祓われる精霊たち

まずは、本部町具志堅で、茅葺き家屋の屋根を葺き終えた時に行われたというハヤバナヌキヌウガンについての報告に指目することから始めたい（明らかな誤字等は訂正した）。

ファシーグチ（家の入口）の庭で完成した家の正面に向いシナンペーク神（男神）が御願立てをする。その前には酒、御馳走などが供えられ、左縄（左ない縄で茅で作る）に板切れ、木切れを結びつけた縄が置かれている。御願立てが済むと「ヤツサーヤー」の掛声と共に金槌や板切れで三回柱を叩く。すると端に待機していた数人の少年達が「ヒヤー、ヒヤーヒャー」と三回大声で囃しながら、木の精、茅の精を結び入れた意の左縄を取り、門より出て近くの広場に持ち去る。そしてその後からやってきた神人によってその広場で祈願が行われる。左縄を前にして酒、花米を供えて祈願が行われる。

〔琉球大学民俗研究クラブ　一九六八　八四〜八五〕。

さらに、その祈願の際に次のような唱え言がなされるという。

ハャーヌシーヤ、ハャヌトゥクルンカイ、ケーティトラシ（茅の精は茅の生えている山へお帰りください）
ヒーヌシーヤ、ヒーヌトゥクルンカイ、ケーティトラシ（木の精は木の生えている山へお帰りください）。

〔同前〕

この儀礼は、木や茅の精霊が人間によって家屋から祓われ、さらに精霊たちの本来の所在地である山に戻ることが期待されていることをはっきりと示している。儀礼名となっているハヤバナヌキヌウガンのハヤバナは「茅花」で、「茅の精」のことを美称的に言い換えたものだと思われる。ヌキは「抜く」、ウガンは「御願」であるから、ハヤバナヌキヌウガンは、茅屋根を葺き終えた家屋から茅の精を抜くための儀礼という意味になる。祓いの対象となる精霊は、キジムナー説話の存在からしても茅よりも木の精霊の方に重点がありそうであるが、儀礼名には木ではなく茅が採用されているのは、木（ヒーバナ）よりも茅（ハヤバナ）の方が語呂がいいためか、と推測しておきたい。

類似の事例として、筆者が今帰仁村の仲尾次部落での聞き取り調査で得た資料を紹介したい。仲尾次では、茅を葺き終えてから三日目の晩にハヤバナー（茅花）という儀礼が以下のように行なわれたという。家の四隅から茅を一、二本ずつ抜きとり、建築に使用した材木の切れ端を左縄の先にくくりつけ、それを庭においておく。大工の棟梁がトゥパシリと呼ばれる一番座の出入口で、酒、餅、豆腐などを供物として線香を立てて拝み、それが済むと中柱をハンマーで叩く。棟梁の「ユーチヌシンバイ（四つの隅柱）」というかけ声に、縄を引く役目の男（頭にハチマキを結ぶ）二、三名が「ヨイシー、ヨイシー」と答え、男たちは、棟梁の「ハイ」という合図でサッ、サッ、サッという囃しながら縄を家の近くにある溝まで引いていってそれを流す。男たちが帰る途中の辻で女性たちが酒をもって迎え、そこで歌・三線で踊ってから家に戻ってくるという。明治四一年生まれの話者は、このハヤバナー儀礼は、家屋の材料として用いられた木のシー（精）と茅のシーを家屋から抜いて溝に流し去るために行なわれると語っていた。

新築家屋から木や茅の精を抜くための儀礼は、上記の事例以外にも、国頭村安田（琉球大学民俗研究クラブ編　一九八六）、伊計島（玉木　一九九五　一六八）、宮城島（琉球大学民俗研究クラブ編　一九六八）などに報告が載っており、大宜見村根路銘については筆者の調査で確認することができた。

次に、大宜味村の落成式に謡われたウムイにも注意をむけてみよう。

（前略）

このとのちうち　　　この殿内内の
まなかざの　　　　　真中座の
なかげたに　　　　　中桁に
よるや　　　　　　　夜は
なりぶさげたてゝ　　鳴り呼ぶ〈鼓〉を提げ立てて
いちのやじく　　　　五のやじく
なゝのやじく　　　　七のやじく

うちそろうて　　打ち揃って
いちくち　　五口
なゝくち　　七口
あまんごと　　アマン言を
よまびらば　　誦みましたら
きいのせいん　　木の精も
かねのせいん　　金の精も
のがちたぼれ　　抜がして下さい

（後略）

〔外間・玉城編　一九八〇　三七二〕

このウムイの内容から、神女の唱える言葉と鼓の呪術的力によって木の精（と金の精）が家屋から祓われることが期待されていることがわかる。

次に、屋根葺き終了後などに、口に含んだ重湯を家の四隅などに吹きかけて、唱え言を唱える儀礼に注意を向けたい。各地の唱え言は大同小異であるが、昭和十二年刊行の『島尻郡誌』掲載の次の一例を揚げておく。なお下記のテキストは、外間・玉城〔一九八〇〕に再録されたもので、現代語訳は外間・玉城によるものである。

此の殿内の（この殿内の）
四つのしんばい（四つの隅柱）
八つの金ばい（八つの金柱）
植ゑてとゝねて（植えて留めて）
練てかためて（練って固めて）
ちいふうねー（チイヒウネー）
まあうふねー（マアウフネー）
遊ばちたなげ遊ばち（遊ばせてたなげ遊ばせて）
躍らちたなげ躍らち（踊らせてたなげ踊らせて）
西の海のくぢらわにさば（西の海の鯨ワニサバが）
すうどふちゆる（潮を吹く）
泡どふちゆる（泡を吹く）
鬼の外（鬼が外）
徳や内（徳は内）
なーうちやーう（ナーウチヤーウ）　〔外間・前掲　一九八〇　一三九〕

この種の儀礼が分布しているのは沖縄本島地域と奄美地域で、宮古と八重山地域には見られないという特徴があるが〔下野　一九八三　十二〕、このことについては後段で再度注意を向けることにしたい。

さて、この儀礼は何を目的に行われているのだろうか。唱え言の「鯨ワイサバ」に注目すると、ワイはワニ（鰐）、サバは鮫の意とされるが、なぜこれらの動物が落成祝いに登場するのかが問題である。実は、伊藤良吉氏のご教示（筆者あての私信による）によれば、奄美諸島の与論島では大工による唱詞の中に、「木の精、鯨鯖が怒るから早く出なさい」と木の精を激しく威嚇する言葉があったというから、目的は木の精の祓いであることがわかる。奄美大島には「海ノ恐ロシ者や鯨鰐鯖…陸ノ恐ロシ者ヤ…アヤクマダラク〔ハブ〕」という表現があるというのも参考になる〔金久　一九七八　二五七〕。

次に、口に含んだ重湯を四隅に吹きかけることの意味について考えてみよう。この儀礼に指目する下野敏見は、以下のように述べている。

粥祭りの内容を分析すると、第一に、粥は柱の根元へ吹き掛ける例が多いのが注目される。これは第一義的には粥の持つ接着力を起用した呪術であろう。ヤマト文化圏北辺にあっては丁重に供える例もあるが、南島ではほとんどの例が、粥を口に含んで隅柱に吹き掛けるのであり、少々荒っぽい仕草を特徴とする。このことは、守護神のごとき神へ捧げる供え物ではなく、粥を食わせて早く追っ払いたい精霊への饗応であることを示すものである。〔下野　一九八三　一九〕

粥儀礼が「追っ払いたい精霊への饗応」だという下野の解釈に筆者も同意するが、これまでみてきた関連資料を参照すれば、追い払われる精霊が木や茅の精霊であるのは間違いないだろう。

さらに、それに関連して、嘉数基栄の報告する宜野湾市我如古の落成式の事例は参考になる。我如古では台所で準備された重湯が上座に運ばれると、老人たちが三線をひきながら「マーウーチャーメー」を歌うという。「マーウーチャーメー」の最後の部分が「ニシヌウミヌグジラワイクッーチ（北の海の鯨をつって）、メークエーワラバ（米食へ童）、メークエーワラバ（米食へ童）、メークエーワラバ（米食へ童）」〔嘉数一九七八　七八〕となっている点に注目したい。すなわち、重湯を吹きかける部分は省略されていると思われるが、「メークエーワラバ（メーを食え）」と命令形で呼びかけてられているワラバ（子供）は、「粥を食わせて早く追っ払いたい精霊」と同一のものだと推測することができる。すなわち、口に含んだ重湯を吹き掛ける行為は、「メークェーワラバ（米食へ童）」という命令形の呼びかけに対応するものだということである。

子供が木や茅の精霊と同一視されていることに関しては、次にみる上江洲均が報告する沖縄市知花の事例が補ってくれる。

夕方子供たちが、家の周囲を南東から北東へと時計の針とは逆な方向に七回まわる。そして「チャーマーユイ、メーメーカマビラ」（ご飯下さい）と唱える。大人が入口に待っていて、子供たちに塩をまく。そして次のことをとなえる。

チーヤーマー、クマの殿内や、四チのシンバイ、八チのカナバイ、上ウテトドメテ、下ウテ固メテ、ウドイタナゲー躍ラチ、遊ビタナゲーアシバチ、北の海のクジラワイサバ、福や内、鬼や外。

この文句を一息で云わなければならない。庭には鍋に御飯を炊いておいてあるので、子供たちは門外へ持ち出して食べた。〔上江洲　一九八七　四〇～四一〕

この知花の事例で注目すべき点は、新築祝いの場に子供が実際に登場することであり、かつ、その子供が「チャーマーユイ、メーメーカマビラ」（ご飯下さい）と唱えていることである。ご飯を要求する子供の儀礼上の役目は木や茅の精霊であることは明らかであり、精霊の要求に応じてご飯が与えられ、そして、子供が門外に持ち出してご飯を食べているのは、精霊が家屋から門外へ退去することを表現しているものと思われる。

この事例を参照すると、「メークェーワラバ」と唱え言に子供が登場する我如古においても、かつては知花と同じように実際に飯を食う子供が登場した可能性が考えられる。

また、棟上げや落成式のときに、家主や棟梁が棟や屋根の上から餅などの食物を投げてそれを下で子供（場合によっては大人も）が拾う儀礼も広い地域でみられるものである。食物を投げ与えるということは、その対象が神的なものではないことを示しており、結局投げ与えられた食物を拾って食する子供たちは、我如古や知花の事例を参照すれば、木や茅の精霊の役目を担っているものと推測することができる。食物を与えるのは、木や茅の聖霊をなだめて木や茅の精霊からの危害を避ける意図があると思われるが、精霊の家屋からの退去までは表現されていないことになる。

以上みてきた建築儀礼に関する諸事例は、最後の食物の投げ与えの事例は措いておくとして、落成後の家屋から木や茅の精霊が祓われることを明瞭に示すものであって、儀礼の意味は非常に明快で納得がしやすい。ところが、以下でみていく八重山の建築儀礼においては、安易な儀礼の解釈を許さない非常に複雑な状況にあるという興味深い事実がある。

第二章　西表島祖納の建築儀礼

八重山の建築儀礼の概要をおさえるために、まずは西表島祖納の事例を紹介したい。なお、以下で用いる資料は、参考文献を示したもの以外は筆者の調査によって得られたものである。

(1)地鎮祭

今日では地鎮祭という言葉が使われているが、かつては地鎮祭のことをジナラシあるいはジーヌニガイ(地の願い)と称したという。一九九一年に新築した話者の話によると、ニガイを専門にする人(ツカサではない)を依頼し、屋敷の真中に四角形に立てた竹を注連縄で囲み、その中にサカキを立て、注連縄の外に塩、花米などを供物して祈願したという。かつては、ユーリミーナという貝殻や鉄類のかけらも供物にしたといわれ、鉄片は、後で中柱の礎石の下に埋めたという。また、ケガレが屋敷内に入ってこないようにするために、屋敷の周囲に注連縄を張り巡らしたという。その日に、その家の属する御嶽に参拝したという話も聞かれる。

（2）**柱立て**

柱は中柱から立て始めるが、その際に儀礼が行われる。ユシトゥンガナシと呼ばれる木の枝と茅一束を中柱にくくりつけ、棟梁と家主が主体となってその中柱に対して祈願をする。生花、お茶、餅、塩などが供物になる。中柱にくくられたユシトゥンガナシと茅は、落成式の日までそのままの状態で置かれる。

（3）**棟上げ**

棟梁が棟に紫微鑾駕という字を書き、棟梁と家主らが中柱に向かって祈願をする。棟の上に三名ほどが上り、家主の年齢に見合った数の餅に小銭を入れたものを下に投げる。その餅を食べると新しい家をあやかると言われた。また、棟に弓矢、槍、吹き流しを立て、昆布、塩、にんにくを白布に包んで結ぶことも行われたという。

（4）**落成式**

落成式のことをアラヤヌヨイ（新家の祝い）と称し、ユイマールで手伝ってくれた人々を招待する。主婦が火の神とザトゥク（床の間）に対し、酒と一鉢の品を供物にして、家の繁栄の祈願をする。次に、中柱の前に花米、餅、塩、お茶、吸物などの供物を供え、棟梁と家主が中心になって祈願をする。この一連の祈願のなかでは、中柱に対するものが一番重要だという。

中柱に対する祈願が済むと、つぎにヤータカビ（家崇べ）の儀礼が行われる。一座の男たちが立ち上がり、下記のヤータカビの歌が歌われる。歌唱法は、棟梁が中柱からユシトゥンガナシと茅をはずして手に持ち、それを振りながら一節ずつの歌詞を先唱し、それに続いて残りの者がそれを復唱するというかたちをとる。以下に揚げる歌詞は、祖納在住の 那根武氏所有の「新築落成祝」と記された資料に依る。必要に応じてかっこ内に訳文をいれた。

家たかび（その一）

1 今日ぬ日ば　むとばし　ホーイ　ショガラ　ホーイショガ
2 黄金日ば　にちぎし　ホーイショガラ　ホーイショガ
3 大山ぬ中から　ホーイショガラ　ホーイショガ
4 底山ぬ内から　ホーイショガラ　ホーイショガ
5 キャンギ柱　とりだし　ホーイ　ショガラ　ホーイショガ
6 イゾキ柱　とりだし　ホーイショガラ　ホーイショガラ
7 大里ぬ　真中に　ホーイショガラ　ホーイショガ
8 神里ぬ　真中に　ふくらに　ホーイショガラ　ホーイショガラ
9 大家・新家作りやる（大屋・新家をつくりました）ホーイショガラ　ホーイショガ
10 ばぬだみど　さにさる（私さえも嬉しいのに）ホーイショガラ　ホーイショガ
11 ブアマ神　みひんだら（伯母神はなお嬉しいでしょう）ホーイショガラ　ホーイショガ
12 ブナリ神　ゆくんだら（姉妹神は更に嬉しいでしょう）ホーイショガラ　ホーイショガ
13 うやかざし　めひんだら（ウヤカザシはもっと嬉しいでしょう）ホーイショガラ　ホーイショガ
14 大工主ん　ゆくんだら（大工主は更に嬉しいでしょう）ホーイショガラ　ホーイショガラ
15 ユシトンガナシ　めひんだら（ユシトンガナシはもっと嬉しいでしょう）ホーイショガラ　ホーイ　ショガ

家たかび（その二）

1 大里の真中に大家作くてあんでそ　ウリヨヌ　ナリバムイ
2 丸金ば　ビシシばし　びし作くあんでそ
3 角金ば　柱ばし　たて作くいあんでそ
4 バンズン金ばヌキばし　ヌキ作　くてあんでそ
5 角金ば桁ばし　あぎ作くてあんでそ
6 カクナンジャばウタチばし　あぎ作くいあんでそ
7 カク黄金は棟桁ばし　あぎ作くいあんでそ
8 マルンガニばキテばし　かき作くいあんでそ
9 スリンガニはユチリばし　組み作くいあんでそ
10 ミドリがやは羽ばし　ふきかぶしあんでそ
11 マルンガニばキブクばし　締み作いあんでそ
12 シルイトば　締み縄ばし　締み作いあんでそ
13 カンダシカばマルザばし　さし作いあんでそ
14 タマシダリは編むぬばし　うしかぶしあんでそ
15 クルイトば　カキナばし　かき作いあんでそ

歌詞の内容は、（その一）で山から材木（キャンギ柱、イゾキ柱）を伐りだしてきて村（大里、神里）に運ぶ様子が歌われ、（その二）では、家造りの具体的な様子が歌われている。歌詞に登場する「うやかざし」は後段において考察の対象になる床の間で祀られる家の神のことであり、ユシトンガナシも後の考察においてキーワードになる言葉である。ヤータカビの歌を歌い終えると、棟梁が手にしていたユシトゥンガナシは子の方向（寅の方向という説もあり）の柱もしくは桁に休ませるという。

次に、ツカサ（司）を中心にしてアーパレーの歌が歌われる。同じく那根武氏所有の資料に従って、以下に歌詞を紹介する。

1　今日が日ど　さにさる
2　黄金日ど　いそさる
3　大家　新家　作りやる
4　大家　新家　祝どす
5　ばぬだみど　さにさる
6　ブアマ神　めひんだら
7　ブナリ神　ゆくんだら
8　うやかざし　めひんだら
9　大工主ん　ゆくんだら
10　ユシトンガナシ　めひんだら

11　踊りぬ　かいさぬ
12　ガラぬき　ぬきしようり
13　マダマぬき　ぬきしようり
14　ぬきしぬ　かいさぬ
15　とういしぬ　ちゅらさぬ

このアーパレーの歌も、ツカサが先唱したものを一座の者が復唱するかたちをとる。アーパレーの歌が終わると、つぎにイオトゥイ（魚取り）狂言が行われる。杖を持った老人とモッコを担いだ伴役の二人が登場し、中柱から始まって、四隅の柱の「柱ぼめ」をする。その時の唱詞は次の通りである（かっこ内は四隅の柱に対して）。

1　ナカバラ（チヌバラ）ヨ　ナカバラ（チヌバラ）
　中柱（隅柱）よ　中柱（隅柱）
2　スラミリバ　スラカイシャ
　先の方を見ると　先の方が美しい
3　ニーミリバ　ニーカイシャ
　根元の方を見ると　根元の方が美しい
4　アリリバ　アリンチカン

蟻もつかず

5　ムシリバ　ムシンチカン

虫もつかない

6　ヤーニンズ　ソーニンズ

家族全員

7　ケンコウ　アラチタボリ

健康にさせて下さい

これらの唱詞を述べて後に、各々の柱の根元にて紙で作られた魚を老人が杖（モリ）で突く所作をし、モッコを下げた二人がそれを拾う。老人は魚の名前を並べ上げたりして一座の者を興に誘うという。イオトゥイ狂言が終わると祝宴となる。

(5) 落成式後

落成式後の一年目、三年目、五年目、七年目には、棟梁やユイで手伝ってくれた人々を招待してのいわゆる家屋の誕生祝いをするが、その際にも中柱が拝まれる。星動の指摘によれば、この儀礼はヤァーパラヌヨイ（家柱の祝）と称されている（星　一九八一　一五三）。

祖納の建築儀礼を概観してわかるのは、中柱がある種の特別な意味を帯びた柱であることである。すなわち、鉄片を中柱の礎石の下に埋め、柱立てや棟上げの儀礼においては中柱が祈願の対象になり、イオトゥイ狂言での「柱ぼめ」でも、四隅の柱も対象になるとはいえ、まずは中柱から開始されていた。また、落成式においても重要な儀礼が中柱に対して行われ、さらに、落成後の家屋の誕生日の儀礼で祈願の対象になるのも中柱であった。本章では、八重山諸島の中柱をめぐる習俗について、建築儀礼以外の場面にも目配りをしながらみていくことにする。

ところで、そもそも中柱とは家屋のどの柱を称しているのだろうか。興味深いことに、沖縄本島から八重山諸島にかけての伝統的民家の間取り構造には共通性がみられる。それを図示したのが図1民家の間取りと中柱であるが、表の東側から一番座、二番座、まれに三番座があり、そして各々に裏座がある。台所はおおむね西側に位置し、かつては別棟であった。一番座にはいわゆる床の間があり、二番座には祖先を祀るいわゆる仏壇がある。

第三章　中柱と中柱信仰

それぞれの部屋の機能について、小浜島で落成式の日に行われる部屋の「名付け」儀礼を参考にして説明したい。小浜では、名前を尋ねる人をターラー、名付けをする人をキムザーと称し、ターラーは酒を、キムザーはユイピトゥと呼ばれる直径五センチ程に束ねた茅を持ち、各部屋を巡りながら名付けをしていく。以下が各部屋の名称（機能）である。

一番座は「祝事がある時に、皆が集まる座敷」、一番座の入口は「偉い人や福の神をもって来られる方が出入りし、この家庭にいいことばかり迎えさせる場所」、一番裏座は「この家の長男が嫁を連れてきて、子供をつくる場所」、二番裏座は「この家の諸道具が集まっている場所」、三番裏座は「味噌瓶、醤油瓶、塩俵などを置いて、自由に使う場所」、三番座の入口は「島の一般の人々が用事で尋ねてきた時、ここから入って色々な話や交際をする所」、二番座は「焼香やお盆の時に使う仏壇のある部屋で、祖先を大事にして幸福を迎える所」、二番座の入口は「島の有志（村役員）や少し位の高い人がこの入口から入って来て、ユイマールなどの相談をする所」。

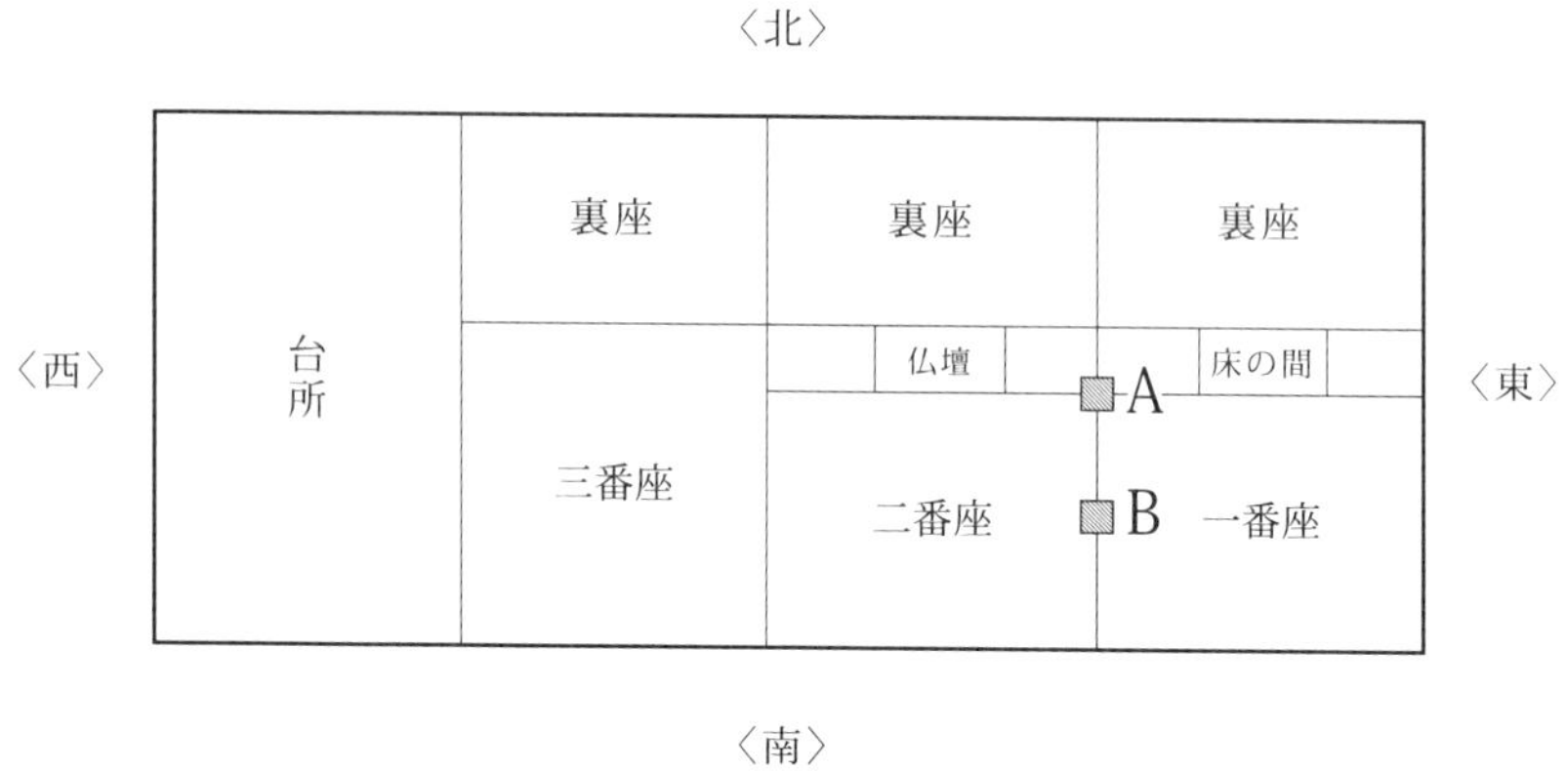

図１　民間の間取りと中柱

さて、このような民家においてどの柱が中柱なのだろうか。実は、調査を進めるなかで、中柱とする柱は家によって異なる場合があることがわかってきたが、最も多かったのは、一番座と二番座の境に立つAかBの柱であった。家によって中柱の認識が異なるのは、以下で述べるように民家の発展と関係していると思われる。

鶴藤鹿忠によれば、近年まで庶民の間で主流であった穴屋と呼ばれる掘立て小屋式の民家の基本形は四隅と中心に柱が立つ「中柱構造」であり、鶴藤は、その中柱構造の家屋からの発展経過について以下のように述べている。

> 琉球列島における中柱構造の掘立屋…の家では一室であるが、家族生活のうえから中柱のところに竹の網代編み、または板、あるいはカーテンなどで一応間仕切りをして前、後の室に分つのである。更に前室を左、右に仕切って一番座、二番座とし、裏座はそのままにしてあって、三室となる。ついで裏座に間仕切りを入れ四間取りへと発展していく。〔鶴藤一九七二　三七四〕

鶴藤が中柱構造と呼ぶ家屋においては、部屋は一室で、中柱は文字どおり中心に位置して棟を支える柱ということになる（図2参照）。この形式の家屋が基本形であることは、波照間島に伝わる以下の神話（大意）によっても確認することができる。

世の始まりの時、兄妹のふたりがミシクの洞窟に隠れ、油雨の大洪水に耐えて生き延びた。最初に生まれたふたりの子はボーズと呼ばれる毒魚で、洞窟から出て島の上に上がったところで、妹の脇の下からムカデが生まれた。さらに高所に上り「巣」をつくり、そこではじめてアラマリヌパーという女子が生まれた。ふたりはこの後「四つ指す」という星座をモデルにして、四つの角に柱を建て、さらに真中にも一柱建てて、最初の家・屋敷をつくり、ここでカナという名の男子が生まれた。現在の波照間の住民は、このアラマリヌパーとカナの子孫であるという。〔住谷一彦・クライナーヨーゼフ　一九七七　二四八〕

以上のことを踏まえたうえで、中柱をめぐる習俗についてみていくことにする。まずは、石垣市大浜の建築儀礼の事例に指目したい。大浜では、ヤータティニガイ（家立て願い）の時に、中柱が立つ場所を中心とした一間四方の四つの角に、葉を付けたままの竹を立て、その周りを注連縄で囲む。注連縄の中で、酒、蟹、ハモル（貝名）などを供物にしてツカサが願いをする。また、シンダティ（手斧立て、大工の仕事始め）の儀礼においても、前述の注連縄で囲まれた中柱が立つ場所に向かって、棟梁が大工道具を並べ、工事の安全を祈願する。さらに、ヤーツクリヨイ（落成式）の時に、中柱にユイピトゥを縛る。ユイピトゥとは、

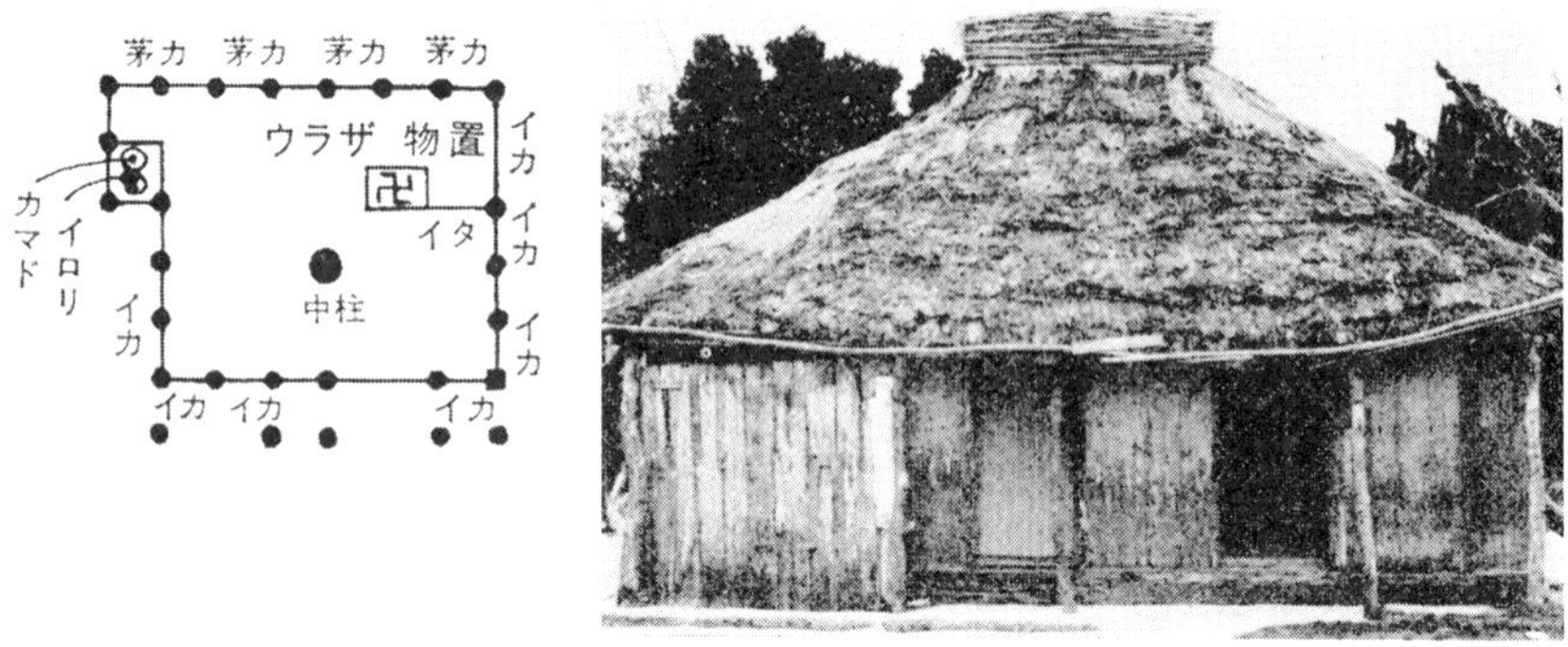

図２　フーヤ（主屋）　鶴藤鹿忠著『琉球地方の民家』より

棒に茅をしばったものである。そして中柱の前に蟹、貝、花などの供物を並べて、家主が中心となって祈願を行う。祈願後、蟹は解放し、その他の供物は中柱の側に埋める。また、落成式後の一年目、三年目、五年目、七年目にも儀礼が行われるが、その際にも中柱が拝まれる。

石垣市四箇では、ティンダティ（手斧立て）の儀礼において、ナカパラ（中柱）を横たえ、その前に大工道具、塩、グシ（酒）、花米などを供えて、棟梁が祈願をする。祈願の後、中柱に墨を打ち手斧でけずるまねをする。また、中柱を立てる時に、ツカサを依頼して儀礼がおこなわれるが、それを「ナカパラ（中柱）のニガイ」といい、蟹その他を供物にして中柱に向かって拝む。落成式にも中柱を拝む儀礼があり、さらに、落成式後の三ケ月目、一年目、三年目、七年目、十三年目の各々に、ヤーヌタンカー（家の誕生日）と称する祝いをするが、その際にツカサが中柱を、ザートゥク（床の間）、火の神と共に拝む。祈願が終了すると供物は中柱の側に埋める。

柱立ての儀礼、落成式、落成式後の家の誕生日のいずれかに、あるいはその内の複数の機会に、中柱が儀礼の対象になる事例は、上記以外でも、石垣市平得、石垣市新川、新城島、西表島網取（山田武男　一九八六　一四三〜一四四）などで確認できる。

次に、建築儀礼以外で中柱が関わる習俗に目を向けてみよう。

石垣市平得では、毎年一回八月に、家屋と家族の健康願いを中柱に対して行うが、それを「ナカバラのニガイ」と呼ぶ。この儀礼は、その家の戸主の生まれ年の干支の日に行うという。

石垣市宮良では、ツツヌカンヌニガイ（土の神の願い）というのがあって、屋敷の四隅をネ↓トラ↓ウマ↓サルの順に拝み、さらにペーダ（門）、ナカズンも拝む。「ナカズンは屋内の中柱（一番座と二番座の境に対して、ネの方向に向かって拝む人もあれば屋外から内向きに一番座と二番座の境目に向いて拝む人もいる」という（琉球大学民俗研究クラブ　一九七七　五〇）。ここでも中柱あるいは中柱が立つ場所が儀礼の対象になっている。

同じく宮良の五月の庚の日に行われるスクマンカイ（スクマ迎え）の儀礼では、稲穂を一株刈り取ってきて、それを家の主に中柱（中柱でない場合もあるようである）に結わえるという（琉球大学民俗研究クラブ　一九七七　六八）。

波照間島の産育儀礼の中に、生後二日目に、母方の祖母から初着物をもらう儀礼があるが、それを子供に着させる前に、他の人からもらった衣類と一緒にナーパラ（中柱）に吊すという（住谷・クライナー　一九七七　二六七）。西表島祖納では、部落内に死者が出た場合には、重病人にいる家では、その重病人の足を中柱にしばりつけるという点も（琉球大学民俗研究クラブ　一九六九　五三）、関連資料として注意したい。

一九二〇年生まれの新川出身の話者によると、伝染病が流行った時に、中柱に巻いた麻縄をお守りとして子どもたちの身につけさせることがあったといい、また、台風や地震のときに、自分の父親が中柱を抱いていたことを記憶しているという。

さらに、西表島祖納や新城島のシツ祭りでは、トシヌバン（年の晩）と呼ばれる祭りの前日に、シツカズラ（節蔓）という蔓草を中柱をはじめとした家の柱々および屋敷内の木々、水がめ、農機具などに巻くという習俗がある。対象となるのが中柱のみでないとはいえ、上記の諸事例との関連からして注意を向ける必要がある。

以上のことから、建築儀礼やその他の儀礼的場面においても、中柱が儀礼的意味を帯びた柱であることが理解できる。八重山の人々に何故中柱を拝むのかと問うてみても、期待したような答は返ってこないが、中柱の前に供物を供え中柱に向かって祈願をするのであるから、中柱になんらかの神霊が宿っていると考えた方が自然である。中柱信仰の背景に何があるのか、次章以下では、この問題に焦点を絞って検討していくことにしたい。

第四章　ユイピトゥガナシ

中柱信仰の背景を検討するにあたって、説話や建築儀礼に登場するユイピトゥガナシに注意を向けてみたい。ユイピトゥガナシは、地域によってユピトゥンガナシ、ユシトゥンガナシなど語形に変異がある。筆者は、ユイピトゥ、ユピトゥン、ユシトゥンなどの間に想定される音韻論的変化の過程について述べ得る立場にはないが、ここでは論証抜きにユイピトゥが本来の形で、ユピトゥンやユシトゥンはそれの変化形あると仮定しておきたい。八重山では、家造りの際に労力を提供し家造りを手伝う人のことをユイピトゥ（結人）というが、以下で見ていくように、説話に登場するユイピトゥガナシも、祖納の事例にも窺われたように、山から木を運ぶなど家造りを手伝う存在であることがこの仮定を支持してくれる。

ところで、以下で引用する文献には、ユイピトゥガナシに「寄人加那志」という漢字を当てたものもあり、筆者も以前、ユイピトゥは寄人で、ユイピトゥガナシは柱（中柱）に寄り付く神霊であろうと推察したことがあった（赤嶺　一九八六　七）。沖縄本島地域で、たとえば海からの寄り物のことをユイムンと称することから、ユイピトゥも寄人であろうという発想であった。しかし、この発想はどうやら誤っているようである。というのは、沖縄本島方言では日本語のmari（鞠）がma:iになるように、日本語のr音は欠落するという性質があるが、八重山方言にはそれが当てはまらずr音がそのまま残るということがわかっているからである（波照間永吉氏からご教示を得た）。したがって、鞠のことを八重山方言ではmariといい、その他にも、鳥のことを沖縄本島地域ではtuiというのに対して、八重山ではturiになる。そのことからすると、日本語の寄人（よりひと）は、八重山方言ではr音が欠落したユイピトゥにはならないということになる。

さて、第Ⅰ部でみたとおり、西表島祖納のユイピトゥガナシの説話では、大木の虚を住処とするらしい小人が、山から木材を運ぶなど家造りの手伝いをしたこと、およびそのことが建築儀礼にユイピトゥガナシが登場する由来になっていることが語られていたが、その小人とユイピトゥガナシとの関係については、十分に明らかではないという憾みがあった。その点については、竹富島に伝わるユシトゥンガナシの説話が補足してくれるが、それをみる前に、上勢頭亨の報告に依拠して竹富島でのユシトゥンガナシが関わる儀礼からみておきたい。

ユシトゥンガナシの儀礼は落成式の時に行われる。ユシトゥンガナシとは、日の出前に取る東向きになった福木の枝二本と茅三つかみを束にしたもので、儀式の前に申の方角の柱に縛りつけておく。儀礼の内容について上勢頭は次のように述べている。

長老が木の神（寄人加那志《ゆしとぅんがなし》）のお供として出て来る。お供はユシトゥンガナシに向かってその家の幸福、健康などを祈り、ガナシより祝いの言葉を賜わる。そのうちにお供にガナシの魂が乗り移り、

落成式で柱に飾られたユイピトゥガナシとユイピトゥガナシを迎える役目の男性（ユイピトゥガナシ用の植物は、西表島祖納の落成式で用いられるヤンバルアワブキを使用、2018 年竹富島、「NPO たきどぅん」提供）

お供は祝詞を神の言葉として一般に披露する。それが終わると柱からガナシをはずし、これをかついで一歩ごとにお目出度い言葉を唱えて前進する。最後に神はニシヒラ、フウヒラ（北の桁、太平の桁）でこの家を永久に見守ることを約束する。お供は裏座の方へ行き、中桁にユシトゥンガナシを縛りつける。お供はもう一人のお供と白酒をくみかわして狂言を行ない、残りの白酒を棟木に二回かけて清め、ユシトゥンガナシの式を終わる。〔上勢頭　一九七六　一六九－一七〇〕

なお、上勢頭の報告と琉球大学民俗研究クラブの報告との間に若干の齟齬のあることに注意しておきたい。すなわち、上勢頭によると、ユシトゥンガナシは最初申の方向の柱に縛られているが、琉球大学民俗研究クラブによると、大黒柱にくくりつけられているという〔琉球大学民俗研究クラブ

一九六五　四五〕。

さて、次に揚げる説話は、このユシトゥンガナシの儀礼の由来を語る話になっている。

昔、ある村に真面目で正直な男がいた。家は貧しいながらも、心から親に孝行を尽くしていた。その男は、年は若いけれども立派な家を建てたいという希望を持ち、一人で山中に入り、柱、桁、垂木等の材木を山奥で伐り倒した。自分一人では材木を持ち出すことはできないので、伐り倒した材木に自分の手印を入れ、人夫を頼んでその材木を運ぶまでは、山の神と結人加那志《ユシトゥンガナシ》で私の材木を見守って下さいと、材木を山かずらで結び印し、一時家に帰って来た。翌日朝早く起きて庭先に出たところ、山奥にあったはずの材木が自分の手形のままに門前にあるのであった。それは不思議なことであった。この材木がわが家の庭先まで届けられたのは神のおかげ、結人加那志のおかげだと大変感謝し、この男は立派な家屋を建てて、結人加那志を新築家屋にお招きした。それから以後、竹富島では、新築落成の時には結人加那志の儀式がとり行なわれるようになった。

〔上勢頭　前掲　一四〕

この説話が祖納で伝えられる説話と同類のものであることは明らかであるが、祖納の事例ではそれほど明確でなかったユイピトゥガナシ（ユシトゥンガナシ）と家造りを手伝う小人との関係が、この説話からは窺うことができる。すなわち、この説話では、山から材木を運んでくれたものが小人であったという話にはなっていないものの、それがユシトゥンガナシ（および山の神）であったということが明瞭に語られている。ユイピトゥガナシが家造りの手助けをする存在であることは、網取のユピトゥキに関する次の説話によっても確認することができる。

昔ある人が山に入り材木を削り、肩に担いで山を降りてくると、肩が痛く疲れがでたので材木を降ろして休んだ。暫くして材木を担ごうとすると、いっこうに持ち上がらない。これまでの倍の重さにも感じられて仕方がなかった。途方にくれ、ふと道の側を見ると、そこにユピトゥキが枝ぶりもよく生い茂っていた。とっさの思いつきでその枝を切り、葉を落として肩敷きにし、材木を担いでみたところ、なんと、今まで重くて担げなかった木が軽々と担げるではないか。家まで無事材木を担ぎ出した男はそのユピトゥキの枝葉をナカパラに結びつけて感謝し、家造り終了の祝の時に上の言葉を謡いながら踊ったのだった。〔山田（武）前掲　一四四～一四五〕

この事例で、植物名として登場するユピトゥキが「ユイピトゥ木」の変化形であることは明らかであり、ユイピトゥ木が材木運びをする人間の手伝いをしていることに注目したい。

さらに、マツンガニと呼ばれる人物についての四箇に伝わる以下の説話も参考になる。マツンガニは、後に出世して八重山の頭職にまでなった士族の童名であるが、若い頃は人の畑のムイアッコン（収穫後の芋畑に残った芋の根から生える芋のこと）を採って食するほどの落ちぶれた生活をしていた。その彼が、百姓である畑の主に罵詈雑言を浴びせられたことを契機に奮起し家を建てることになるが、彼は、材木伐採のために一人で山に入る際に、心の支えとしてユイピトゥガナシ（竹の先に茅を束ねて人形にしたもの）を山に持って行ったという。四箇では、オモト山から材木を伐り出す時には、ユイピトゥガナシを山に持って行き作業をしている間は安置しておくという習俗があったが、それはこのマツンガニの故事に因むという。マツンガニの説話からも、家造りを手伝うユイピトゥガナシの性格を抽出することができる。

さて、祖納・竹富島・網取・四箇の説話を重ね合わせて見ると、人間が家造りを行なう際に、材木を山から運び出すなどの家造りの手伝いをしてくれるある種の存在が観念されていて、それがユイピトゥガナシと呼ばれていることが判明する。第Ⅰ部において、材木を運び家造りを手伝う沖縄本島のキジムナーの性格に注意を向けたが、それを参照すれば、家造りを手伝う八重山のユイピトゥガナシは、キジムナーと同様にその実体は樹木の精霊である可能性がみえてくる。ユイピトゥガナシが樹木の精霊であることは、以下の八重山の資料によっても確認することができる。

『川平村の歴史』によると、川平村の落成式には、一・五メートル程の木に一握りの茅をしばりつけたものをユイピィトゥヌマイ（マイはカナシと同じく尊称）と称して、ユイピトゥヌマイが中柱に立てられた状態で、以下の「ユイピトゥかえし」の儀礼が始まる。二人が登場し、一人は新築なった家の主、一人はユイピトゥヌマイの役目で、二人は次のように睦ましく語り合う。

〈家の主〉：アーラヤーヌグシ、オイサナーラ（新家の御酒を上げましょう）
〈ユイピトゥヌマイ〉：ウー　トウラリンユウ（はい、戴きます）
〈家の主〉：ユイピトゥヌマイ　オイシヨウリ（結い人の前　おあがりください）
〈ユイピトゥヌマイ〉：バヌン　トウラリンユウ（私も戴きます）

これが済むとユイピトゥヌマイを中柱から取りはずし、午の方向に進んで次のような願い言葉を述べるという（かっこ内の訳も引用）。

クリマデ（これまで）、ユイピトゥヌマイヤ（ユイピトゥヌマイは）、タバラリオーリフタスンガ（しばられておられましたが）、キュウヤ、パダギ、ウヤシタチギンド（今日は解いてあげますから）、ヤマヌカンヤヤマヘ（山の神〈木〉は山へ）、ヌヌカンヤヌウヘ（野の神〈かや〉は野原へ）、オーリトウローリデリ（お戻りになって下さい）、クヌキネーナーヤ（そしてこの家庭には）ビーン、サビン、カカラシ、トゥランツクニ（心配事など一切ないように）、イイクト、ンカイシミ、トウローリ（良い事ばかり迎えさせて頂きますよう御願い申し上げます）

この願いが終わると、二人で御酒を飲み交わしながらユイピトゥヌマイを両手に持って拝みつつ、子の方位に行き二人で新築落成の歌を謡い、最後にユイピトゥヌマイを天井に安置するという（川平村の歴史編纂委員会編　一九七六　二五〇～二五二）。

とても興味深い内容である。これまで縛られていたユイピトゥヌマイを解放しますので、山の神は山へ、野の神は野原へお戻りなってください、と唱えるというのである。報告者がかっこで補足して注意しているとおり、ここでいう「山の神」は樹木霊、「野の神」は茅の精霊のことだと判断していいだろう。すなわち、川平村のこの資料によって家造りの手伝いをするユイピトゥガナシとは、家屋の材料となる、換言すれば人間に家屋の材料を提供してくれた樹木霊（や茅の霊）に他ならないということが判明する。この点は、竹富島の儀礼に関して上勢頭が、「長老が木の神（ユシトゥンガナシ）のお供として」と記し、ユシトゥンガナシを木の神と解説していること、さらには祖納の説話で、家造りを手伝う小人（ユシトゥンガナシ）が木の虚を住処にしているらしかったこと等と関連付けて理解することができる。結局のところ、八重山各地の建築儀礼に登場するユイピトゥガナシは、木の精および茅の精を表象するものであるという重要な事実が導き出されたことになる。

次章ではそれを踏まえたうえで、八重山各地におけるユイピトゥガナシの儀礼の意味について検討していくことにする。

第五章　ユイピトゥガナシ儀礼の意味

(1) 解放されるユイピトゥガナシ

先にみた川平の落成式の儀礼の要点は、「ユイピトゥかえし」という言葉が示しているように、家屋の材料となった樹木や茅の精霊に家屋からの退去を願う点にあったが、以下において、川平部落以外の地域にも類例が存在することに注意を向けていきたい。最初に取り上げるのは、山田武男が報告する西表島網取の事例である。

新築祝いに入る前にまず家の骨組み全体を支えているナカパラ（中柱・大黒柱）に大工の棟梁が誠意をこめて祈願する。大黒柱に結びつけてあるユピトゥキ（和名ヤンバルアワブキ）の枝葉が結びを解かれはずして飾られる。米をかんで醸したミシャグとお酒が供えられると、大工の棟梁は中柱のユピトゥキの枝葉を［中柱から］ほどき「ユピトゥンユーリ、バーヌンユーリ」と謡いながら踊る。〔山田　一九八六　一四三～一四四〕。

ここに出てくるユピトゥキは、先述したとおり「ユイピトゥ木」が変化したものであるが、山田は、「ユピトゥンユーリ」のユーリは任務が解かれるという意味だと指摘しており、ユピトゥの任務が解かれるということは、ユピトゥ（樹木の精霊）が家屋から解放されるという観念と関係しているものと理解される。なお、「バーヌン　ユーリ」は、ユピトゥと同様に自分たち大工も今日で責任が解かれたという意味だという（同前）。

次に、西表島古見のユイピトゥユルシという用語に注意を向けてみよう。古見の落成式では、まずツカサが中柱に向かって祈願をする。その後に三名の人物が登場し、一人はユイピトゥユルシと呼ばれる竹に藁を縛ったもの、一人は花米、一人はオミキを持ち、三人が座敷内で体をゆらしながら歌を歌う。それが済むと、ユイピトゥユルシを中柱に縛るという。

この事例では、中柱に縛られたユイピトゥユルシが最終的にどう処理されるかは確認できなかったが（話者は、家主が後で片付けるのではないかと曖昧に答えていた）、川平や網取の事例を参照すると、ユイピトゥユルシのユルシは「許し」で、ユイピトゥを解き放すという意味があった可能性が考えられる。さらに、二〇一四年八月七日付けの「八重山毎日新聞」によれば、宮良部落でも落成式の儀礼に関してユイピトゥユルスという言葉が使われていることも看過できない事実である。

以上みてきたように、落成式の儀礼には、家屋の材料となった樹木の精霊を家屋から解放することを示す事例が複数存在することが確認できた。ところがその一方では、以下でみていくように、樹木の精霊が家に留まることを示す事例も存在するという興味深い事実がある。

(2) 家の神化するユイピトゥガナシ

最初に、石垣島で長年にわたって大工あるいは棟梁として家造りに関わってきた石垣英和氏の「伝統家造りのロマンを訪ねて―マジィドゥシナゴーヤーの移築に寄せて―」に記されるところの、昭和三〇年代中頃まで行われていたという石垣島の落成式の内容に注意を向けたい。注目に値するのは、以下で述べるユイピトゥンカイ（ユイピトゥ迎え）と称される儀礼の内容である。

ユイピトゥガナシと呼ばれる、一・二メートルほどの杖状の木（アディクまたはダシカ）の先に束ねた芽を付けたものが準備される。二人の男性が、一人はユイピトゥガナシを、他の一人は神酒を持って登場し、神酒を持つ人物がユイピトゥガナシに神酒を注ぎながら以下の口上（字石垣の場合）を述べるという。便宜上、いくつかの節に分け、番号を付したものを以下に揚げる。かっこ内の訳も引用文献によるものである。

①ユイピトゥガナシ、ツカサナーラ、シィサリ、ウートゥドー

（ユイピトゥ様をお迎えして、慎んで申し上げます）

②ユイピトゥガナシーユ、ナマナルンルケン、ナカバーラナンガ、フンサマリ、クチサ、シメーオーラセーソンガ

（ユイピトゥ様を今まで中柱に縛っておき、不自由させてまいりましたが）

③キューヌ、カイピュールナンガ、ナンツア、クガニヤーバ、フキアギダ、ツケーンヤ

（今日の佳き日に、立派な家を葺きあげましたので）

④ユイピトゥガナシーユ、ナマヌ、カイドゥキナンガ、ナカバラーカラ、フドゥギ、オーラシリクヌヤーヌ、ニーヌファーヌカンヌウリカイ、チカサバ、ウチチキ、オーリトーリリ

（ユイピトゥ様を今の佳い時刻に中柱から解いて、この家の北の方の神座にご案内致しますので、ゆるりとお座りいただき）

⑤クヌヤースヌ、ヤーダイショーハジメ、ユミファーヌキンコウソクサイ、イドゥバカリーツケートーリリ、イラバ、スクイシートーリリ、ナンツァ、クガニヤーバ、ムトーシーリ、イツカマール、トゥカマール、ヨイグトゥタンガー、アラシメートーッテヌニガイユ、シサリユー

（この家の主人始め家族の健康息災、そして外出の時も良い事に出会うように、家に帰ってもお守り下さいまして、たとえようもない立派なこの家を基に繁盛させて戴き、五日毎、十日毎に佳い事ばかりあるようにお願い申し上げます）

以下は、その後に行われるユイピトゥガナシと男との掛け合いの様子である。

⑥ユイピトゥガナシ、アーラヤーヌグシュ、オイサナーラ

（ユイピトゥ様、新築の祝いのお酒をお注ぎします）

⑦ウー、トーラリンユ、ワヌン、トーラルナーラ

（はい戴きます。貴方も戴いて下さい）

⑧ウー、バヌン、トーラリンユー

（はい私も戴きます）

⑨アーラヤーヌヨイ、ヨイ、カーラヤーヌヨイ、ヨイ、ユイピトゥンビーリ、バヌンビーリ

（新築の祝いだ、瓦家の祝いだ、ユイピトゥも酔う程飲んで下さい、私も酔いますから）

シットゥイ、シットゥイと繰り返しハヤシながらの二人の掛け合いが終わると、ユイピトゥガナシは北の方位にあたる母屋桁に安置して祝宴に移る。〔石垣　一九九三　三七～三九〕

とても興味深い資料である。中柱に縛られていたユイピトゥガナシ（樹木の精霊）は中柱からは解放されるが、川平の事例のように山野に戻ることはなく、この家の北の方の「神座」に鎮座して、この家の守護神になるというのである。「神座」と訳されているのは「カンヌウリ」であるが、私が直接石垣氏と面談して話を聞いた際には「カンノーラ」と発音していた。宮城信勇の『石垣方言辞典』でも「カンノーラ」という語が立項されていて、「家の骨組みで、棟木を支える横桁。ユイピトゥガナシ（家造りの結いの人に擬して作った物）は家屋新築儀礼の一連の行事がすむと、これに結わえつけるという」〔宮城　二〇〇三　～二六五〕という説明がみえる。石垣氏の私への説明では、ユイピトゥガナシは二番裏座の二段目のムヤ桁に納めるという話だったので、このムヤ桁が「カンノーラ」ということになるだろう。石垣氏が「神座」と訳しているように、カンノーラの「カン」は、「神」を意味する言葉と捉えていいと思うが、ノーラについては現時点では不明とせざるを得ない。いずれにしても、石垣氏の報告は、樹木霊が家の守護神になることを明確に示している点でとても重要な位置を占めることになる。

大浜部落の事例にも注意を向けてみよう。大浜の落成式では、昼の内に中柱にユシトゥンガナシ（五尺ほどの棒を茅で包んだもの）を立てておく。儀礼の場面では、二人がユシトゥンガナシの立つ中柱の根元に御酒を供え、立派な家ができたことの感謝をする。その後で「ユシトゥンガナシをほどいてあげますから」と述べ、二人でユシトゥンガナシと酒を持ち、「ユシトゥンガナシも飲んで下さい、私も飲みます」という意味の歌をうたい、最後に「ユシトゥンガナシ、これから先、北の方天上（天井—引用者）におり賜わり、此の家幸福生り繁昌を見守って下さい」と願って、ユシトゥンガナシを天井の桁に上げるという（大浜老人クラブ長寿会編　一九七六　七三）。

この大浜の例でも、ユシトゥンガナシはいったん解放されるのだが、山（野）に帰ることはなく、そのまま家にとどまって家の守り神に転化することが示唆されている。

次に、竹富島の事例に再度指目したい。先にみた上勢頭亨の報告する竹富島のユシトゥンガナシの説話では、「この材木がわが家の庭先まで届けられたのは神のおかげ、結人加那志のおかげだと大変感謝し、この男は立派な家屋を建てて、結人加那志を新築家屋にお招きした」とされていた。また、同じく上勢頭が、竹富島のユシトゥンガナシの儀礼の説明の中で、「最後に神（ユシトゥンガナシ—引用者）はニシヒラ、フウヒラ（北の桁、太平の桁）でこの家を永久に見守ることを約束する」とも述べていた。家に迎えられたユシトゥンガナシは、その場所は中柱ではないものの、その家に永久に滞在するいわゆる家の神になるというのである。この脈絡で、琉球大学民俗研究クラブの竹富島の報告の中に、「福木の葉とススキを大黒柱にくくりつけるが、これはユットンガナシと呼ばれる家の神の象徴である」（琉球大学民俗研究クラブ　一九六五　四五）という記述があることも看過できない。

次に揚げるのは黒島の事例である。黒島では、葺上げ式の日に家の中柱にユイピトゥガナシと称する神をまつり、大工の棟梁と家造りを手伝った人々の代表責任者が中柱を囲んで、神に酒を献じ、神に謝意を表するヤータカビ（家崇び）の祝詞をあげ、三三回の礼拝をするという（前栄田・他編　前掲　三九五）。ここではユイピトゥガナシが具体的な物によって表象されているかは不明であるが、「中柱にユイピトゥガナシと称する神をまつり」と記されている点に注意したい。

さらに、ユイピトゥンカイ（ユイピトゥ迎え）という石垣島での儀礼名に関連して、宮城文の『八重山生活誌』の落成式についての記述の中にも「ユイピトゥチカイシ」という用語が登場することに注目したい。チカイシも、ンカイと同じく「迎える」あるいは「招待する」という意味の言葉である。

宮城文によると、ユイピトゥチカイシは以下のように行われる。ユイピトゥは、一メートルほどの棒の先に一束の茅を縄で縛ったもので、まえもって準備し家の後ろに置いておく。一座の客の中から男二人を選び、一人（甲）はユイピトゥを持ち、一人（乙）は酒びんを持って登場し、以下の言葉のやりとりをして酌を交わす。訳文も宮城による。

乙「アーラヤーヌヨイヌグシ　オイサナーラ（新築祝酒を上げます）」
甲「ウー　トーラリルンユー（はい頂きます）、ワヌン　オイショーラナーラ（あなたも上がって下さい）」
乙「バヌン　トーラリルンユー（私も頂きます）」

それが済むと、次の歌を繰り返し歌いながらユイピトゥを持って勇ましく踊る。

「アーラヤーヌヨイヨイ（新築の祝だ祝だ）、カーラヤーヌヨイヨイ（瓦家の祝だ祝だ）、ユイピトゥンビーリ、バヌンビーリ、シットウイ・シットウイ（ユイピトゥも酔うまで召し上がれ。私も酔うまで飲みます）」

この踊りが終わると、ユイピトゥは再びもとのところへおくという（宮城　一九七二　四三五〜四三六）。

ところで、宮城文の報告には、物としてのユイピトゥガナシを中柱に縛るという記述は見られないが、ユイピトゥチカイシの儀礼の前に行われる「ナカバラー（中柱）の願い」の供物についての説明には、「線香　ウーピカイの香（招神）三本」という記述が見えることにも注意したい（宮城　前掲　四三四）。「招神のための線香」というのであるから、神迎えが意図されていることになり、かつこの場合は中柱に対する願いであることからすれば、神は中柱に迎えられていることになるだろう。

以上みてきたように、ユイピトゥガナシの説話や儀礼を検討すると、家屋の材料となった樹木などの精霊が家屋から解放されることを示す事例がある一方で、それとは逆に樹木の精霊を家の神として家屋内に留めおくことを示唆する事例の両方が存在していることがわかる。このことを踏まえたうえで、次章以下では樹木霊と家の神の関係についてさらに考察を進めていくことにする。

第六章　樹木霊の両義的性格と力の馴化

(1)樹木霊の両義的性格

本章での議論は、樹木霊（ユイピトゥガナシ）の両義的性格に着目することから始めたい。沖縄本島地域における樹木霊および樹木霊が妖怪化したキジムナーの両義的性格については第一部ですでに見たとおりである。八重山においても、家造りを手伝うユイピトゥガナシには、樹木霊のプラスの性格が反映されているとみなしていいだろう。一方、次に揚げる与那国の木の精の由来譚には、木の精のネガティブな性格がよく示されている。

（1）ひとり者で先輩のガダヌヒヤには、美しい妻を持つ友人があり、隣同士で仲良く暮らしていた。三月の節句に、ガダヌヒヤは隣人を海岸に誘い、うまく酒に酔わせて相撲をいどんだ。後輩の隣人は、負けることを予想して、機織り中に心が騒いで雨が降ったときは、それが私の涙と考えよと愛妻への伝言を頼んで、果し合いの相撲にのぞんだが、海岸に突き落されて死んでしまった。

（2）ガダヌヒヤはなにげなく戻り、隣人の妻にはたくみに言い逃れ、やがてその妻に親しげに近づいた。ある時、隣人の妻が機織り中に心が騒ぎ夏雨になった。たまたま居合わせたガダヌヒヤに、その悲しい気持ちを伝えたので、隣人の生前の伝言を知らせた。

（3）ガダヌヒヤが求婚すると、隣人の妻は快く承知し、二人は女の家で暮らそうということになる。妻は中柱と棟桁を変えてから結婚しようと、ガダヌヒヤを誘って、材木切りに深山に入った。

（4）妻は大木を選んで、ガダヌヒヤに抱えさせ、手の平と手の平とが重なり合ったとき、釘でそれを大木に打ちつけた。

（5）妻は、お前は木の精になって、クムテ（木の伐払い〔「木の代払い」の誤記〕の供物）をもらって食べろと言いつけた。それで今も、家づくり墓づくりには、木の代払いの行事がおこなわれている。

〔福田　一九九二　三六六〜三六七〕

手の平に釘を打ちつけられて殺された男の死霊が木の精になったというのであり、この由来譚から怨霊性を帯びた荒ぶる木の精のイメージを抽出することができる。

石垣繁は、大木を切り出す時には、特別な呪文が唱えられることや別の木の枝を折ってきて「あなたはこの木の代理だぞ」といって挿したり、「木のパン」と称する呪文を唱えるなどの作法があり、この作法を守らずに伐木すると「キーヌカンヌ　ユクカカリ（木の神の罰当たり）」といって怪我をすると報告しているが〔石垣　二〇一七　四九〇〜四九二〕、これも木の精の負の側面に関わるものである。

(2)力のドメスティケーション

樹木霊の両義的性格という点を踏まえたうえで、東南アジアのタイ族のスピリットの起源譚に関して田邊繁治が行っている興味深い議論に注意を向けたい。以下に掲げるのがタイ族のスピリットの起源譚である。

そのむかし、タイ・ヤイ族の商人が、野の花とはじけ米(ポップライス)をいれた篭を天秤棒につりさげ、スピットを売りにきた。商人は、森の小径にさしかかったところで、石につまづいてころび、篭の中の花とはじけ米をひっくりかえしてしまった。商人は森の中に飛び散った分をのぞいて、それらをひろい上げふたたび道を急ぎ、チェンマイの村むらで、祖霊の宿る聖なるものとして売り歩いた。森に散った花とはじけ米は、畏怖すべき森の霊となり、村びとに売ったものは彼らの幸福と平安を守護する祖霊となった。村びとたちはそれらをもちかえって毎年、祭祀をおこなった。〔田邊　一九八九　二五〕

田邊繁治によると、ピーと呼ばれるタイ族のスピリットは一種の力の概念で、その本来の存在形態は、生成と破壊を同時におこない、畏怖と崇拝の感情を同時に人びとに起こさせる両義的なものであり、森に散った野の花とはじけ米がそれになったと語られる森のスピリットは、チェンマイの村びとにとって、今日でも畏怖と畏敬の念がいりまじった両義的な力の概念を代表するものだという。その一方で、貨幣によって購入されたスピリットは、始原におけるその両義性を失い、村びとにとって善意にみちた守護霊に転化するのであるが、そのことを田邊は、「力のドメスティケーション(馴化)」という概念で捉えている。

田邊のいう「力のドメスティケーション」にはどのようなメカニズムが作用しているのであろうか。田邊は、スピリットを売り歩くタイ・ヤイ族のついて次のように説明している。

タイ・ヤイ族は呪術的力のすぐれた体現者であり、とくに彼らの悪霊祓いの入れ墨は有名である。タイ族の農民は今日でも好んでタイ・ヤイ族の入れ墨師から入れ墨をほどこしてもらっている。定着的なタイ族農民にとってタイ・ヤイ族は、見知らぬ市場と市場をつなぐ仲介者であると同時に、超自然的な力の媒介者でもあった。〔田邊　前掲　一二六〕

「力のドメスティケーション」に関与しているタイ・ヤイ族が呪術的力の体現者であり、チェンマイの農民がその彼等から貨幣でもってスピリットを購入したことが「力のドメスティケーション」を可能ならしめていると理解することができそうである。

さて、田邊の議論を参照すれば、八重山において新築家屋に迎えられた樹木の精霊が家の守護神に転化するためには、樹木霊が「その本来の荒あらしい始原の姿をうしなって、聖性のみが抽出され」〔田邊　前掲　三〇〕るという「力のドメスティケーション」がなされる必要があるのではないか、という発想が浮かび上がる。この問題を考える材料として、まずは与那国島の建築儀礼に目を向けることにしたい。

(3)ドゥントゥヒラとミーダイ―与那国―

与那国では、家屋の建築をはじめる前の段階で、ドゥントゥヒラと称する儀礼が行なわれる。ドゥントゥヒラは柱の名称であるが（ヒラは柱の意）、それが儀礼名にもなっている。どの柱がドゥントゥヒラであるかについては、一通りの説明を聞くことができる（図2参照）。ドゥントゥヒラの儀礼では、ドゥントゥヒラの立つ場所にドゥントゥヒラに予定している柱を立て、それに蔓が巻かれる。蔓を取る人間や場所は特に定まっていない。そして、ドゥントゥヒラの前に花米、オミキ、塩などの供物が並べられ、拝みを専門にする女性が柱に向かって祈願を行なう。このドゥントゥヒラは、工事の邪魔にならない限り、そのまま立てておく。

ダーヌダイ（家の祝）と呼ばれる落成式でもドゥントゥヒラが関わってくる。落成式では、まずミンガイドゥ（一番裏座、図3参照）でドゥントゥヒラの前に供物を並べ、線香を焚き、ドゥントゥヒラに対してドゥントゥタカビ（崇べ）と称する祈願を行なう。それが済むと、ドゥントゥヒラの前（ミンガイドゥ）で、家主がお金を棟梁に渡すことで棟梁から家を買い取ることが表現され、その後家主は、新しい家の所有者であることを示すためにドゥントゥヒラに指で押印する。

次に、棟梁と世持（現在の公民館長）によって部屋の名付け儀礼が行われる。最初に名付けがなされるのはミンガイドゥである。藁はちまき、広袖の黒衣装（昔の正装という）、それに杖を持った世持が「クマーヌークイガ」（ここは何という部屋か）と問うと、棟梁が「ドゥントゥクイ」と答える。そして次々に場所（部屋）を移して名付けをしていく。なお、世持と棟梁にマーダイナ（まだかいな）と呼ばれる役目の人が加わり、答えようとする棟梁をせかせたりしてユーモアを演ずるという。

また、落成式後の三年目、七年目などに家屋の誕生日の儀礼が行われるが、その時にもドゥントゥヒラが祈願の対象になる。

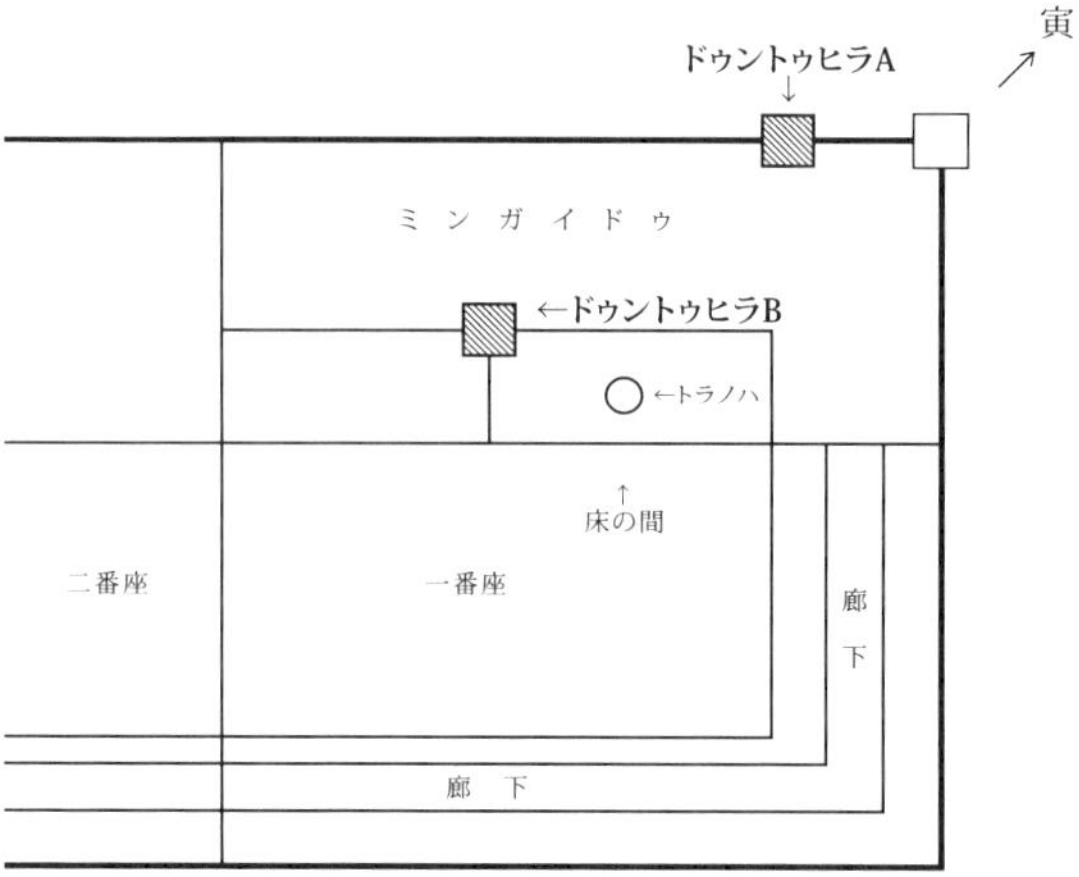

図3　与那国のドゥントゥヒラ

さて、以上のことから、与那国島では、ドゥントゥヒラと呼ばれる柱が重要な意味をもつ柱であることが判明するが、そもそもドゥントゥヒラとはどういう意味の言葉であろうか。ヒラは柱で問題ないが、ドゥントゥの意味が問題である。結論から言うと、筆者は、ドゥントゥはユイピトゥが与那国的に変化したものだと考えている。周知のように、石垣方言のj音は与那国島ではd音に変わるという音韻変化上の規則性がある。たとえば、歌謡のjuntaは与那国島ではduntaになり、家を意味するjaはdaになる。したがって、ドゥントゥは石垣方言的に言うとユントゥになるので、それがユイピトゥの変化形である可能性が考えられ、結局のところ、ドゥントゥヒラは「ユイピトゥ柱」だと仮定することが可能になる。

その仮定を踏まえたうえで次に、家主が棟梁から家屋を買い取る儀礼に注目したい。以下は、それに関する与那国在住の女性（M氏）からの私信である。

家にはもちろん神様がいらっしゃるけれど、新しく建てた家にはいらっしゃらない。それで、家ができたら、大工の棟梁が家を明けわたす儀式をやる。棟梁というのは、すごく権威がある人で、天のお使い役をする人。いうならば宇宙界のお使い役。ミーダイというこの儀式がすむまでは、家は家主のものではなく、天のものなの。木の神や石の神に、建築につかわせていただいた木の代や石の代をはらうの。それを払い終えて初めて家は自分のものになるわけよ。

これは、四、五年前の実話だけど、ある家で法事があって、お客さんがたくさん来たのね。家に泊まれない人数なので、近くの旅館を頼んだんだけど、この旅館が新築で、まだこの儀式〔ミーダイ〕がすませてなかったの。それで、泊めるわけにはいかない、といって断ったのよ。まだ神様の手からぬけていないから良くないわけ。与那国では、これをおかしいと思う人はいないわよ。むしろ、泊めて下さいという方がおかしいというか、馬鹿なのだという考えがあるわね。

家を買い取る儀礼（ミーダイ）についてのM氏の情報には大変興味深いものがあり、以下でその内容を検討してみよう。ミーダイが済むまでは新築家屋は「天のもの」だとされているが、「神様の手からぬけていない」という説明を参照すれば、「天」と「神」は同義だと理解していいだろう。そして、棟梁は天のお使いであり、そして同時に、棟梁が家主から受け取るお金は、建築材料になった木や石の代金で、木の神や石の神に対して支払われるものだということからすると、「天」と「木の神や石の神」は同一のものを意味していて、結局のところ、ミーダイにおける棟梁は、木や石の神の代理としての役割を担っていることになる。

そのことを踏まえたうえで、「家にはもちろん神様がいらっしゃるけれど、新しく建てた家にはいらっしゃらない」、ミーダイが済むまでは「神様の手からぬけていない」という文面に注意を向けたい。この文面からすると、ミーダイの儀式を行なうことによって家屋の所有権が木や石の神から人間に移り（家主がドゥントゥヒラに押印することで表現）、それと同時にその家には神が宿ることになるという観念の存在を窺うことができるだろう。

それでは、新築家屋に新たに宿ることになる家の神とは、いかなる性格の神なのだろうか。M氏からの私信の内容からその点を直接的に読み取ることはできないが、タイ族のスピリットの起源譚も参照すると、両義的な性格を帯びる木や石の精霊が、棟梁を介して家主に購入されることによって馴化され、家の神に転化するのだと理解したい。ミーダイ儀礼がなされるまでの家は「神様の手からぬけていないから良くない」というのは、馴化されていない木や石の精霊は荒々しい状態にあるために危険である、という意味に解することができるだろう。

さて、次に問題になるのは家の神の所在であるが、建築の過程および落成式においてドゥントゥヒラが祈願の対象になっていることからして、木や石の精霊が転化した家の神はドゥントゥヒラに宿るものと考えていいだろう。家の誕生日にもドゥントゥヒラが祈願の対象になっているのは、そのことの証左となるはずである。

ところで、ミーダイ儀礼における棟梁の役割、すなわち、棟梁が木や石の精霊の代理をしていることの背景にある問題については、改めて注意を向ける必要がありそうである。棟梁が木や石の精霊の代理としての役割を担っていることは、棟梁は力のドメスティケーションを受ける以前の自然の側に属していることを意味するが、同時に棟梁は家主に家屋を売る主体でもある点は、タイ・ヤイ族の商人の役割と共通していることに注目したい。すなわち、タイ・ヤイ族の商人が呪術的力の体現者である点については注意を喚起しておいたが、その点は、棟梁に関してもあてはまる可能性があるからである。

石垣島の棟梁経験者によると、「セークヤ　ナナキム　アンドー（大工は七肝あるよ）」という表現があり、その表現には「だから依頼主は大工の機嫌をそこねないように注意しないといけない」という含意があるという。それに関連するものとして、『石垣市史各論編民俗下』に「家を新築する時、大工には、ナナキムン　トゥリリ　チィカナイ　オイシ（七肝も取って差し上げよ。きつくても、嫌でも、我慢して養ってあげよ）大工さんの機嫌をそこねると、新築する家に差し支えることがあるので、気を付け、ご馳走を差し上げよの意」という記事がある〔石垣市史編集委員会編　二〇〇七　五八二〕。

この二つの資料は細かい点は同じではないが、大工が通常の人間と異なった資質を有していることを示唆している点は共通する。大工の常人と異なる特異性についての八重山の資料は、管見の限り上記のものだけだが、奄美に関しては比較的多くの資料が報告されている。以下に揚げるのは、奄美大島の大工に関する島尾敏雄の報告である。

大工と鍛冶工は島ではことのほか大事にされるだけでなく、一種強力な呪力をもっている者としておそれ遠去けられた。彼らはおしなべて秘密な「イリグチ」（まじないのことば）を知っていて、彼らにイリグチされると死にいたることがあるのだと、島のなかの人たちは今でもなお信じたがっている。そのため一般に島の人々は必要以上に大工の機嫌を損じないように気を配るふうに見うけられる。〔島尾　一九七七　一五七〕

松尾恒一も奄美の大工の特異性に関する多くの事例を報告しているが、以下に揚げるのはそのなかの一例である。「大工はノロやユタ神よりある意味では怖かった。ノロ・ユタは人を呪い殺したりしないが、大工は怒らせたりすると恐ろしいことになる、と信じられていた。ケンムンと同じように恐れられている」〔松尾　二〇〇六　一二〕。

これらの資料は、沖縄・奄美の大工が、かつては呪術的領域と関わっていたことを窺わせるものであり、そのことと、与那国のミーダイ儀礼において棟梁が担っている役割とが通底している可能性があるだろう。(1)

(4) ユストゥバリャーとスパ―波照間島―

次に、波照間島の事例に目を向けることにする。落成式に行われるユストゥバリャーとスパ儀礼に注目したい。

ユストゥバリャーは、落成式の日の昼に行われる儀礼である。カドゥの人(2)が前もってその家のパカ(3)から茅を切ってきて、それを二番座と台所の境に立つ柱に縛りつけておく。二人のカドゥの人が登場し、一人は茅を柱からはずし柱に寄りかかって根元を上の方に向けた茅を手でしごく所作をして、もう一人がその茅に酒をかける。その動作と平行して一座の者が二手に分かれてユストゥバリャーの歌を歌う。ユストゥバリャーの歌には、豊漁、豊作、子孫繁盛の願いが歌いこまれている。

次にスパ儀礼であるが、スパは、落成式の祝宴もたけなわの真夜中十二時過ぎに行われる儀礼である。家主は、他の人に声もかけずに、祝宴の途中からこっそり抜け出し、自分の家のパカから茅を伐って来る。この儀礼の脈略の中で、切ってくる茅のことを特にスパと称し、それが儀礼名にもなっている。ユストゥバリャーでも茅が使用されるが、その茅のことはスパとは呼ばない。夜中行われるのは、スパを伐って来る途中に悪い人に会わないですむからだという。スパを持った家主が家に戻ると、ソーズ(4)と称して、全員が静粛にし物音ひとつ立ててもいけないとされる。そのソーズのなかで家主は、竈の近くの柱、中柱、四隅の柱、庭に出した臼の順にスパを縛り付けていく。

さて、ユストゥバリャーとスパ儀礼の意味について検討したい。まずはスパ儀礼であるが、住谷一彦とクライナーはこのスパ儀礼について、「スパツリンには仕事に参加している人は皆夜一一時頃集まって来て、御馳走は出るけれども、その後は皆静かにして、火を消してから主人が四本の角柱に茅を縛り付けて置く行事がその中心になっている。それがすむと、皆はまたにぎやかになる」と報告し、そして「この行事を人間のマブイ付けの儀礼などと比較するとき、スパツリンは新しくできた家に一種の霊、神《ウヤン》を呼びよせることのようにも考えられる」と述べている〔住谷・クライナー　一九七七　二七五〕。この説は、スパ儀礼を人間のマブイ付けと関連づけている点は興味深い論点だと思うが、「神を呼びよせる」という見解には賛成しかねる。波照間島でスパが神迎えのために使用されている例が他の儀礼でもあるのか不明であり、また、たとえそれが神迎えであったとしても、どこからやって来るどういう性格の神であるのかも不明と言わざるを得ない。

波照間島では、スパ（茅を束ねたもの）は、ある物に対する占有を表示する機能がある点に注意を向けたい。たとえば、野外で拾った薪を積んでそれをしばらくの間放置しておく場合、薪の上にスパをかけることによってそれが自分の所有物であることを示すことができる。また、木の枝にスパをかけると、その木を自分が占有していることを他の人々に主張していることになる。さらに、茅は、他人の畑であっても、手をのばして鎌が届く範囲であれば伐っていいことになっているが、屋根を葺く予定などがある場合には、あちこちの畑にスパをかけることによって茅を確保したという。

スパのこの性格を踏まえると、落成式のときスパ儀礼は、家主が新築なった家屋の占有を表現するためのものである可能性を想定できる。その場合、所有権のあいまいな野外の薪や茅などとは異なり、所有権のはっきりしている家屋に関して、周囲の人々に対して世俗的な意味での占有を表現することの必要性は考えにくい。したがって、家主による占有の表明は、周囲の人間に対してではなく、家屋の材料となった木や茅の本来の主である精霊たちに対してであると解釈すべきだろう。そうするとスパ儀礼は、与那国における家主が棟梁（精霊たち）から家屋を買い取った後にドゥントゥヒラ（ユイピトゥ柱）に押印する儀礼と同一のものということになる。

さらに与那国との比較で考察を進めると、与那国でユイピトゥ柱に押印する直前に見られた木の精霊の両義的性格の負の部分を馴化するための儀礼は波照間にはないのだろうか、という論点に気づくことができる。筆者は、以下で述べるとおり、スパ儀礼に先だって行なわれるユストバリャーがそれにあたる可能性を想定したい。

まずは、ユストゥバリャーの語義であるが、「バリャー」が柱を意味する「バラ」の変化形であることは、柱に茅が縛られることとも整合するので問題ないだろう。問題はユストゥであるが、これまで八重山各地のユイピトゥガナシの事例をみてきた我々としては、「ユストゥ」は「ユイピトゥ」の変化形である可能性に思い至ることができる。そうだとすれば、ユストバリャーは「ユイピトゥ柱」であり、ユストゥバリャー儀礼の主役は、柱に縛られる茅によって表象されるユイピトゥ（木や茅の精霊）ということになるだろう。

さて、注目したいのは、その茅に酒をかけるという行為である。酒をかける行為はユイピトゥに強制的に酒を飲ませていると解釈することが可能であり、強制的に酒を飲ませて酔わせることによって、精霊たちの負の部分の馴化が図られているのではないか、と想定したい。換言すると、自然のもつ荒々しい力が酒を介して馴化され、結果として家の神に転化されるという理解の仕方である。

これまでみてきたように、ユイピトゥガナシに酒を飲ませて「ユイピトゥガナシも酔いなさい」と声を掛ける儀礼は、石垣、大浜などの事例も含めて少なからず見られたことを想起したい。石垣英和と宮城文は、「ユイピトゥンビーリ、バヌンビーリ」を「ユイピトゥも酔うまで召し上がれ。私も酔うまで飲みます」と訳していたが、波照間の事例を踏まえると、「ビーリ」は正確に言えば「酔え」という命令形であることに注意を向ける必要がありそうである。荒々しいものを鎮める「力の馴化」の手段として、「酒で酔わせる」ことが選択されている可能性があるからである。

(5)ミーシキ―白保

次に、石垣市白保の事例を取り上げることにする。白保では、落成式後の三ヶ月ころにミーシキ(三ヶ月)と呼ばれる儀礼が行なわれるが、その際に中柱に「ブトゥの茎」(文脈からして山蔓)を縛りつけて、ツカサがつぎのような唱詞を唱えるという。大意も引用した文献による。

オオヤマ、タカヤマ、アルンケン、オオカツラ、タカカツラドゥ、アッタシガ、ヒトゥニンゲーヌ、ティゴーカリガラ、カンヌプキ、ウィーヌプキ・・・。ナンジャダマ、クガニダマ、マブリダマヤリキ、クシイエヌ、マブリクマバ、イエヌマブリケーシャ、アラシマタボリッチ、ムトゥブヤー、ナンジャヤー、クガニヤーヌ、ウンキジューサ、アラシマタボリ。

（大意）

青い山、高い山にあった時は、青いかずらとして高く（木に）かぶさっていたが、（ひとたび）人の手にされてからは、カンの茎、ウィの茎であります。銀のタマ、黄金のタマ、守りのタマとして（木、ひいては家屋を）守り、この家屋にマブリをこめますので、この家をよく守って下さって、この立派な家の運気も強くあらせて下さい。〔琉球大学社会人類学研究室編　一九七七　三四四〕

唱詞の中で、この儀礼が新築された家屋にマブリ（家の神）を籠めるものであることが明言されていることに注目したい。祈願の対象になっているのが中柱であることからして、家の神は中柱に宿ることになる。さらに、中柱に縛られた「ブトゥの茎」が、山にある時は単なる自然の蔓に過ぎないが、「人の手にされて」以降は「カンヌプキ、ウィーヌプキ」になる、と述べている点も看過できない。「人の手にされる」というのは、おそらく自然の領域から人間の管轄に移行したことを意味し、その結果「神のフキ」になったと表現しているのだと思われる。

「神のフキ」は実体としては中柱に縛られた山蔓のようであるが、八重山の他の地域の事例を考慮すると、他の地域で中柱に飾られるユイピトゥガナシと同じである可能性が考えられる。そうだとすれば、この唱詞は、樹木や茅など自然のものが本来有している両義的力が、「人の手にされる」ことによって家の神（マブリ）に転化すること表明していることになる。但し、白保の事例では、与那国のミーダイや波照間のユストゥバリャーに該当するような「力の馴化」の具体的な中味ついては不明と言わざるを得ない。なお、ミーシキが落成から三ヶ月後に行なわれるのは、マブリに転化するためには三ヶ月の期間が必要であることを示しているものと思われる。(5)

ところで、「神のフキ」という用語の意味については、喜舎場永珣が紹介するところの石垣市平得で伝承されている「新本ヌフチィ」という歌謡がヒントを与えてくれる。「新本ヌフチィ」の歌詞には、はじめて掘り抜き井戸を掘った時の様子や、掘る場所は神によって指定され、夜は神が掘り、昼は七人の兄弟が掘ったという内容が含まれる。神による場所の指定に係わる部分は、「新本ヌ　トゥンディ（新本家の門口に）、船屋ギシャ　カクウチィニ（船屋義舎の囲内に）、神ヌフキバ　ユイオウリ（神の目印をば結い立てられた）、主ヌスババ　ムスビョウリ（主神が目標をば結んで立てられた）」となっており、白保の唱詞にも見えた「神のフキ」が登場している（喜舎場　一九七〇　四二三〜四二四）。

「神のフキ」について喜舎場は、「神の目印の意。神が選定して慈《ママ》を掘ったら甘水が生まれるとの目標に立てられた『フキ』で、普通はススキを二、三本束ねて、その先端を結んで立てた。これをフキと称している。古えはこのフキの立っている所からは何も取らない一般規定で、禁止の目標にもなっていた」と解説している（喜舎場　前掲　四二二）。喜舎場の言う「神の目印」は神の依代と同義であると理解すれば、白保のミーシキ儀礼において、中柱に縛られた山蔓は「神のフキである」ということは、中柱が神の依代である、換言すれば中柱に神が宿ったことを示していると考えることができそうである。

フキが占有を意味することに関しては、「神のフキ」の対語が「主のスバ」であることに注意を向けておきたい。スバは波照間島のスパに該当するが、波照間のスパは、先述のとおり占有を示す機能があったことを参照すると、「神のフキ」と「主のスバ（スパ）」には依代と占有というふたつの意味があることになる。占有する主体が神であると見なせば、それは同時に神の依代あるいはその目印にもなるという意味で、両者の間に関連性を見出すことは可能である。さらに、先に引用した竹富島のユシトゥンガナシの説話の中に、「人夫を頼んでその材木を運ぶまでは、山の神と結人加那志で私の材木を見守って下さいと、材木を山かずらで結び印し、一時家に帰って来た」というのがあったことに注意を向けたい。この場合の山かずらは占有の意味もあるが、占有する主体が「山の神と結人加那志」であるために、同時に神の依代の意味もあることになるだろう。(6)

第七章　木の精が家の神になる

八重山諸島では、床の間に「家の神」を表象する香炉が置かれるのが一般的で、(7) それをザーフンズンと呼ぶ宮良部落についての報告では、「ピヌカンとザーフンズンがそろって一世帯という条件とみなし、それを『プトゥキブル』と呼んでいる。プトゥキブルの一つであるザーフンズンは家の主要な守りであるとし、新築したときの落成式に拝んだ香炉を床の間に置き、ザーフンズンとする」とされている（琉球大学民俗研究クラブ編　一九七七　五二）。香炉の呼称は、フンズン（フンジン）系以外に、ヤカミ（「家神」、西表島祖納）、ザトゥク（「座床」、平得・新川）、ブザシケー・カンザシケー（「大座敷」・「神座敷」、波照間）、ヤーカザシ（西表島祖納・舟浦）、トラノハ（「寅の方」、与那国）など、バリエーションに富んでいることも沖縄の他地域とは異なる重要な特徴である。床の間の香炉によって表象される「家の神」の実体については、従来の研究では論究されることがほとんどなかったという状況にある。

この問題を考えるにあたっては、そもそも近年まで庶民の民家の主流であった穴屋形式の家には床の間がないのが一般的であったという事実を想起すべきである（鶴藤　一九七二　二〇〇）。八重山では、床の間の香炉によって表象される「家の神」が家祭祀において必要不可欠のものとして機能しているために、床の間（およびそこにある香炉）は「昔からある」と考えている人がほとんどだが、鶴藤鹿忠は戦後になってまでも床の間のない民家が存在していたことを具体的な事例でもって示している（71頁の図2参照）。したがって、床の間のない時代において、現在床の間の香炉によって表象されている「家の神」がどのような祭祀形態をとっていたのかを問うことは、重要な課題ということになる。

中柱信仰の存在から中柱に神が宿るという観念があったことが想定できたが、その点を踏まえて結論を先に述べると、床の間で祀られる家の神は、床の間が設置される以前の段階では、中柱に宿る神だったというのが筆者の考えである。その根拠について、以下で述べていきたい。

西表島祖納では床の間にヤーカザシと呼ばれる家の神が祀られているが、興味深いことに、「ヤーカザシは

写真3　祖納のヤーカザシ

ユカドゥガミ（四角の神）とかナカバラヌカミ（中柱の神）とも称せられる」という報告がある（琉球大学民俗研究クラブ編　一九六九　五二）。中柱の神と床の間のヤーカザシが同一であることを示す資料であり、看過することはできない。

また、中柱に家の神（マブリ）を籠める儀礼である白保のミーシキ（三ヶ月）についてはすでに見たが、同じ報告書に、「この頃（ミーシキ）から、フンジン（床の間で祀られる家の神）に、ユイコウ（結香）一束、重箱、三合パナ、三合ビーを供える」という記述がある（琉球大学社会人類学研究室　前掲　三四四）。文面の意味が必ずしも明瞭ではない部分もあるが、「落成後三ヶ月頃のミーシキ儀礼を済ませてからフンジンを拝み始める」という意味である可能性が考えられる。念のために白保在住の人に確認してみたら、ミーシキ儀礼との関係は不明ながら、その人も落成式から三ヶ月ほどしてから「フンジンを立てた」と説明していた。すなわち、フンジンに表象される家の神は、白保の場合、落成式においてではなくミーシキ儀礼を契機に生まれることが示唆されていることになる。先に検討したように、ミーシキは中柱に家の神を籠める儀礼であることを踏まえると、中柱に宿る神とフンジンに表象される神は同一だということになる。

さらに筆者の聞き取り調査において、新川では「ザトゥクは紫微鑾駕（棟）とひとつ、両方ともヤータイショウ（家大将）である。中柱もヤータイショウである。ザトゥクは男の神で中柱の神とひとつ」という説明を聞いたが、中柱の神とザトゥクの同一性を直接的に表現している点で、貴重な資料といえる。平得でも「ザトゥクはヤータイショウである、中柱と家のタイショウ（戸主）のウンキ（運勢）は同じである」という説明を聞いたが、先述したように、平得では、毎年一回八月の家屋と家族の健康願いである「中柱の願い」は、戸主の生まれ年の干支の日に行うというのも関係がありそうである。

「ザトゥクが男の神である」という説明に関連して、白保では、火の神は主婦の、床の間のフンジンは男の世帯主の管轄だとされていること〔琉球大学社会人類学研究会編　前掲　七〇〕、また、実際に旧暦一月と八月にフンジンが拝みの対象になるヨーガーという家族の健康願いをするのは、戸主である男性の役割だとされている点〔琉球大学社会人類学研究会編　前掲　一三一〕にも注意を向けておきたい。

与那国の事例も重要な位置を占めることになる。与那国では、床の間にある家の神の香炉のことをトラノハ（寅の方）と称している。床の間の位置が寅の方向にあることにちなむ名称であるが、先述したように、建築儀礼で重要な意味をもつドゥントゥヒラ（ユイピトゥ柱）も同じ方向にある（97頁の図3参照）。Aがドゥントゥヒラだとするある話者は、ドゥントゥヒラのことを「寅の二番目の柱」と表現しており、家の神としてのトラノハとドゥントゥヒラの関連が示唆されている。いずれにしろトラノハの香炉はドゥントゥヒラに近接して位置しており、その空間的配置からして、トラノハの香炉によって祭祀の対象になっているのはドゥントゥヒラである可能性が高いと思われる。

ところで、日本の古代の樹木信仰と建築儀礼についての松前健の見解は、八重山の問題を考えるにあたって参考になる。新殿造営の時の一種の室寿《むろほぎ》の祭である大殿祭というのがあり、『延喜式』の大殿祭の祝詞の中に「本末をば山の神に祭りて、中間を持出でて…斎柱《いみばしら》立てて」というのがあるが、それに関して松前は次のように述べている。

この木の本末をつないで、この作法を行うとき、木の最も重要な部分である中の材は、宮殿の材に用いること、特に宮殿の最も重要な「斎柱《いみばしら》」に用いることである。「斎柱《いみばしら》」とは、単なる柱

ではなく、その宮殿の家屋の神霊の宿りとして祭祀の対象となる神聖な柱のことである。〔松前 一九八八 二一五〕

さらに、大殿祭では、忌部の官人が祝詞を読み、宮殿の各殿舎の四隅の柱に玉をかけてまわり、これに向かって散米と散酒をする儀礼があるが、その際の祭神が祝詞では「屋船久久遅命。（是木霊也）」と記述されていることに松前は注目し、樹木の霊である久久遅命《くくのちのみこと》がそのまま家屋の神になっていることを指摘している。そして結論として、以下のように述べている。

最初の杣山に入って木の本末をついで山神をまつり、その中間の材を伐り出して忌柱を造ること自体、樹木の霊を家屋の柱に移し、それを家の神とする儀礼であったことが判る。すなわち、樹木の霊は、その伐り出した材の中にも、こもっていると信じられたわけである。〔松前 前掲 二一七〕

樹木の霊が家の神になるという点は、本稿における八重山の建築儀礼の分析と一致することになり、留意すべき点として注意を向けておきたい。なお、松前は、民家の大黒柱をめぐる習俗もその延長線上で理解できるとしている〔松前 前掲 二一八〕。

結び

　八重山の家の神の変遷について、次のような仮説を導き出すことができたと考える。八重山の床の間で祀られる家の神の正体は、両義的性格が馴化された木や茅の精霊である。この家の神は中柱に宿るものであったが、家屋の内部に床の間が設置されるようになったことを契機にして床の間の香炉を通しても拝まれるようになった。その点については、与那国のトラノハの香炉とドゥントゥヒラの関係(8)、白保のミーシキ儀礼におけるフンジンと中柱の関係などにその痕跡を窺うことができた。次の段階として、床の間の香炉と中柱の関係が忘失される一方で、中柱に対する信仰は残存し、さらに、床の間の香炉で祀られる神は、実体不明の家の神として拝まれるという現在のような状況を迎えることになった。

　ここで、八重山を含む沖縄全域における木や茅の精霊に対する対処の仕方について整理を試みることにする。大別すれば、木や茅の精霊を家屋に留め置くのと家屋から退去させるという二つの類型に分けることができる。後者に関しては、さらにいくつかの類型が区別できそうである。八重山には「ユイピトゥをゆるす」とか「ユイピトゥをとく」という表現があったが、それらの表現には、人間の側からの働きかけによってユイピトゥ（木や茅の聖霊）を解放することがまず行われ、それを受けるかたちでユイピトゥが自主的に家屋から退去するという観念を窺うことができる。一方では、「鯨・鰐・鮫」の文言が登場する唱え言には、精霊を威嚇して追放するという姿勢が窺われた。精霊の自主的退去と威嚇による追放の両者を二つの極にして、その間に、物（粥や菓子、銭など）を与えて退去を促す、退去の模様を儀礼的に表現する（ハヤバナヌキヌウガン）、神女の唱え言や鼓の呪力で祓う、などが位置することになるだろう。

木や茅の精霊を家屋に留め置くことに関しても、筆者が想定する「力の馴化」が認められる例とそれが認められない例とが区別されることになる。樹木の精霊が家の神に転化するという前提に立てば、樹木霊の両義的性格に対する「力の馴化」がなされる必要があるはずであり、その理屈に従えば「力の馴化」を伴う与那国、波照間、白保の事例がより古形だということになる。

樹木霊の両義的性格についての観念は沖縄本島地域にも八重山地域にも見られたが、それを馴化して家の神に転化するという儀礼は、管見の限り八重山地域のみに見られるものである。また、樹木霊を家屋から退去させる儀礼が沖縄本島地域に卓越し、樹木霊の威嚇と関わる「鯨・鰐・鮫」の文言を伴う粥儀礼が宮古と八重山にみられない点（下野　一九八三　一六〇）、また、筆者の聞き取り調査によれば、樹木霊の退去と関わる葺き上げ祝いのときに棟から銭や菓子を投げる習俗が八重山には本来なかったとされる点などからすると、それらの習俗は比較的新しいものである可能性が想定できるだろう。家屋からの樹木霊の退去を前提にすると、八重山の中柱信仰と床の間の家の神について説明する根拠が失われるという点にも注意を向けたい。

本書の結論として、樹木霊が馴化されて家の神になるという仮説を提示したが、実は日本本土の建築儀礼についての神野善治の議論が、筆者の仮説とほぼ同じ結論に達しているのは興味深い事実である。詳細については神野の論考に直接あたってもらうことにして、以下に神野の議論の結論部分を引用することにする。

筆者はこれまでに、家屋（とくに屋根棟）に祭られる呪物を通して、「家屋」に宿る神霊について検討してきた。その際、今日も残されている建築儀礼の由来を語る説話（大工の女人犠牲譚）をひとつの手がかりにした。建築のために犠牲となり「殺された女人」に象徴されるのが、家屋に鎮め祭られる神霊であり、かつそれは非常に祟りやすく、恐れられた強力な霊威を象徴することを指摘することができた。しかし、その段階にとどまっていたが、その後、この「殺された女人」に象徴されるものが建築に用いられた樹木の精霊（木霊）にかかわることに気付いたのである。上棟式の目的がこの精霊を鎮め、屋根棟に祭り込めることによって、家屋の守護神に転換する（祭り上げる）儀礼であると考えるようになった。〔神野　二〇〇〇　二二四〕

「非常に祟りやすい樹木の精霊を家屋の守護神に転換する（祭り上げる）」というのは、本稿の用語でいえば「非常に祟りやすい樹木の精霊を馴化して家の神にする」ことと同じであるのは明らかである。

視野をさらに広げると、東南アジアに居住するプータイ族、クメール族、クイ族などの民家においても、建築の過程で聖別される「魂の柱」などと呼ばれる柱に家の守護神が宿るという観念が存在することを岩田慶治が指摘している〔岩田　一九九五　一九六〜一九七〕。本稿で採用した分析視点は、樹木霊についての観念が認められる他の地域の建築儀礼の分析においても有効だと思われ、それらとの比較検討を行う作業は今後に残された課題ということになる。

なお、紙幅の都合で本稿では触れることのできなかったが、沖縄本島地域の家の神については拙稿〔一九八五、一九八六〕、宮古の家の神については同じく拙稿〔二〇〇二〕があるので、ご参照いただければ幸甚である。

〈注〉

第一部

(1)筆者が確認することのできたキジムナーについての論考は、以下のとおりである。崎原恒新〔一九七八〕、渡嘉敷守〔一九八二〕、辻雄二〔一九八九〕、遠藤庄治〔一九九八〕、中村史〔一九九八〕。

(2)家の盛衰を司るものとしては、キジムナーの他に魚女房譚として語られる魚の存在があるが〔稲田・他編一九八三 二五二〜二五七〕、ここでは不問に付す。

(3)『豊見城村史』に、富をもたらしたキジムナーを追放した家がその後も勤倹にはげんだために益々繁盛したという説話があるが〔豊見城村史編纂委員会 一九六四 三三四〜三三五〕、後世に変化した形だと思われる。

(4)渡嘉敷守もキジムナーの両義的性格について言及しているが〔渡嘉敷 一九八二 四六九〜四七〇〕、氏の議論はキジムナーが神的側面と妖怪的側面をもつという視点からの把握であり、筆者の議論とは視点を異にする。

第二部

(1)筆者の調査によれば、家主が棟梁から家を購入する儀礼は宮古の多良間島にもあった。多良間島では、建築中の家に対して誰々の家であるとは言ってはいけないとされ、単に棟梁が家を建てているのだという風に言ったという。そして、ヤーフクヨーという屋根の葺き上げ祝いにヤーコーヨーズ〔家を買う祝い〕が行なわれ、口頭での入札により家主が高値で落札して棟梁から買い取ることが行なわれたという。

(2)儀礼の中で特定の役割を果たす人のことで、儀礼の行われる日の干支によって何年〔干支〕生まれがカドゥの人になるか定まる。神事では儀礼の日の干支から数えて奇数番の干支生まれの人、死者儀礼の場合には偶数番をカドゥの人として依頼するという。

(3)パカは本来空間的な区域を指す言葉のようである。ここでは、御嶽を中心にしたある一定範囲の区域を意味し、その御嶽に帰属している家は、たとえば正月の若水や床の間の生け花の水、床の間の香炉に入れる砂や床の間に飾る生け花などをそのパカからとることになる。ちなみに、各御嶽には必ず井戸があり、水はそれを利用する。

(4)ソーズという用語は、次のような場面でも使われる。かつてイナスピ(海遊び)という行事が年に三回あり、牛馬も含めて島の人間全員が浜に下りた。ソーズツミと称して、公民館役員の合図で全員が一定時間浜で寝る。その間一言も声を出してはいけなかった。ツカサによる御嶽での儀礼が終了するとソーズツミは解除となり、その後は潮干狩をしたり魚採りをしたりして楽しんだ。また、出産後の一週間はソーズと称して、産家の家族は船に乗ってはいけない、海水浴に行かない、産家では祝事は行わないなどの禁忌があった。また、体の弱い人も、一週間は産家を訪問しなかったという。

(5)宮古の伊良部島の佐良浜での聞き取り調査において、「新築した家は三年間は神のもので、ヤーヌカン(家の神)はまだ鎮座していない。三年祝いの時にヤーヌカンは来る。三年祝いの時に屋根の茅の一部あるいは棟瓦一枚を取り替える。また、棟に下げてあった米、塩、昆布も取り替える。三年祝いまでは、位牌を横にずらしておき、三年祝いのときにもとに戻す。ヤーヌカンは棟に宿る」という資料が得られているので、覚書として記しておく。また、「与世山親方宮古島規模帳」(一七六八)に「家致普請候時朔日祝並三年祝与てみき酒ふた抔殺村中相揃致呑喰候由無益之造作ニ候間可召留事」〔平良市史編さん委員会 一九八一 六三〇〕とあることについても注意を向けておきたい。

（6）八重山のフキャスバとの関連で、柳田国男が東北地方のホデについて述べている以下の文章に注意を向けたい。

建築の工芸が進んで、神の宮居が常設のものとなれば、祭の場所の固定するのは当然である。そうなると神木はますます大切な、かえることのできないものにはなるが、同時に又是が去年も同じ祭をした木であるということを、人にはもとより、神様に対しても標示しなければならぬという感じが強くなったはずである。だから常の日にも注縄を張って穢れを遠ざけるようにするほかに、いよいよ祭の日が近く潔斎が始まると、特に念入りにその木を目立つものとする必要が感じられたかと思ふ。そうしてホデといふのが、その徽章を意味する日本語の一つであったこともほぼたしかである。今日残って居るホデには信仰用以外、たとえば入会の薪山、草苅場またはくれ取場を占有して、採取の終るまで他人に手を付けさせぬようにするのに、棒を立ててその端に藁や茅を結び付ける。それを東北では今もホデといっている。〔柳田　一九九〇（一九四一）二八八〜二八九〕

柳田のいう東北地方のホデと八重山のフキャスバ（スパ）は、言葉そのものは違うが、物に対する占有を標示するとともに神の依代の印にもなるという点で、共通する機能を有していることがわかる。

（7）床の間には、家によって、家の神を表象する香炉以外に、ツカサや個人の信仰と関わる香炉などが置かれている場合もある。床の間に置かれている多様な香炉の事例の報告として、白保部落に関するものがある〔琉球大学社会人類学研究会編　一九七七　三一九〜三二四〕

（8）与那国の事例に関してさらに検討する必要があると思うのは、他の地域では中柱に付与されている儀礼的意味が、与那国ではなぜ寅の方向に位置するドゥントゥヒラに付与されているのかという問題である。それに対する答えの可能性として筆者が想定するのは、与那国でも床の間設置以前は中柱が祈願の対象であったが、床の間の設置とともに床の間に家の神を表象する香炉（トラノハ）が置かれたために、その香炉に接近するドゥントゥヒラが中柱に代わって意味のある柱になったということである。

〈参考文献〉

赤嶺政信　一九八五　「トゥハシリ考―沖縄の家の神についての一試論―」『歴史手帖』十三―一〇、名著出版

赤嶺政信　一九八六　「トゥハシリをめぐる諸問題」『沖縄民俗研究』六

赤嶺政信　一九九二　「八重山諸島の建築儀礼―中柱信仰とユイピトゥガナシをめぐって―」『沖縄文化』七六

赤嶺政信　一九九四　「キジムナーをめぐる若干の問題」『史料編集室紀要』十九、沖縄県立図書館史料編集室

赤嶺政信　二〇〇〇　「建築儀礼にみる人間と自然の交渉―沖縄・八重山諸島の事例から―」松井健編『自然観の人類学』榕樹書林

赤嶺政信　二〇〇一　「家のフォークロア―沖縄・宮古の場合―」筑波大学民俗学研究室編『心意と信仰の民俗』吉川弘文館

飯島吉晴　一九八六　『竈神と厠神―異界と此世の境―』人文書院

石垣市史編集委員会編　二〇〇七　『石垣市史各論編民俗（下）』石垣市

石垣英和　一九九三　「伝統家造りのロマンを訪ねて―マジィドゥシナゴーヤーの移築に寄せて―」『石垣市立八重山博物館紀要』十一

石垣繁　二〇一七　『八重山諸島の稲作儀礼と民俗』南山舎

稲田浩二・小澤俊夫編　一九八三　『日本昔話通観26・沖縄』同朋舎
伊波普猷　一九七四（一九三六）「君真物の来訪」『伊波普猷全集』五、平凡社
岩田慶治　一九九五　『岩田慶治著作集（二）草木虫魚のたましい』講談社
上江洲均　一九八七　『南島の民俗文化―生活・祭り・技術の風景―』ひるぎ社
上勢頭亨　一九七六　『竹富島誌―民話・民俗篇―』法政大学出版局
遠藤庄治　一九九八　「沖縄民話への誘い―キジムナーとカッパ―」沖縄国際大学公開講座委員会編『沖縄国際大学公開講座7南島文化への誘い』
大浜老人クラブ長寿会編　一九七六　『大浜村民俗誌』
折口信夫　一九七六（一九二一）「沖縄採訪手帖」『折口信夫全集』十六、中央公論社
折口信夫　一九七六（一九三四）「座敷小僧の話」『折口信夫全集』十五、中央公論社
賀数基栄　一九七八　「遺稿・我如古部落民俗調査報告」『沖縄民俗研究』一
嘉手納宗徳編訳　一九七八　『遺老説伝』角川書店
金久正　一九七八　『奄美に生きる日本古代文化』至言社
神野善治　二〇〇〇　『木霊論―家・船・橋の民俗―』白水社
川平村の歴史編纂委員会編　一九七六　『川平村の歴史』川平公民館
川田牧人　一九八七　「妖怪の交響楽―奄美・加計呂麻島における妖怪譚の構造分析―」『日本民俗学』一六九
喜舎場永珣　一九七〇　『八重山古謡（上）』沖縄タイムス社
崎原恒新　一九七八　「沖縄の妖怪変化―キジムナー考」『沖縄民俗研究』一

佐喜真興英　一九八二（一九二二）「南島説話」『佐喜真興英全集』新泉社
島尾敏雄　一九七七『名瀬だより』農山村漁村文化協会
島袋源七　一九七四「山原の土俗」『日本民俗誌大系』一、角川書店
下野敏見　一九八三「建築儀礼の特色と問題点」『日本民俗学』一五〇
砂川拓真　二〇一三「地域性や歴史性から捉えたキジムナーの性質についての考察」琉球大学大学院人文社会科学研究科国際言語文化専攻平成二四年度修士論文
住谷一彦・クライナーヨーゼフ　一九七七「パティローマ」同『南西諸島の神観念』未来社
田邊繁治　一九八九「スピリットの交易」梅棹忠夫編『異文化の光と影』パンリサーチ出版局
玉木順彦　一九九五「沖縄におけるハーリー・船漕ぎ儀礼の地域的分布」白鳥芳郎・秋山一編『沖縄船漕ぎ祭祀の民族学的研究』勉誠舎
多良間村史編集委員会編　一九九三『多良間村史第四巻資料編三民俗』多良間村
辻雄二　一九八九「キジムナーの伝承―その展開と比較―」『日本民俗学』一七九
鶴藤鹿忠　一九七二『琉球地方の民家』明玄書房
渡嘉敷守　一九八二「キジムナー考」仲宗根政善先生古希記念論集刊行委員会編『琉球の言語と文化』仲宗根政善先生古希記念論集刊行委員会
渡嘉敷守　一九八三「キジムナー」沖縄大百科事典刊行事務局編『沖縄大百科事典（上）』沖縄タイムス社
豊見城村史編纂委員会編　一九六四『豊見城村史』豊見城村役所
登山修　二〇〇〇『奄美民俗雑話』春苑堂出版

中村史　一九九八　「沖縄豊見城村のキジムナー話」『人文研究』九五
名越左源太（国分直一・恵良宏校注）　一九八四　『南島雑話2』平凡社
原田信之　一九九〇　「南島の妖怪―キジムナー譚をめぐって―」『奄美沖縄民間文芸研究』十三
平良市史編さん委員会編　一九八一　『平良市史第3巻資料編1』平良市役所
福田　晃　一九九二　「木の精由来譚の位相」同『南島説話の研究』法政大学出版局
福田恒禎編　一九六六『勝連村誌』勝連村役所
藤井隆至　一九九五『柳田國男経世済民の学―経済・倫理・教育―』名古屋大学出版会
外間守善・玉城政美編　一九八〇『南島歌謡大成Ｉ沖縄編上』角川書店
星勳　一九八一　『西表島の民俗』友古堂書店
真栄田義見・三隅治雄・源武雄編　一九七四　『沖縄文化史辞典』東京堂出版
松尾恒一　二〇〇六　「奄美の大工・船大工の祭儀と呪文―建築・造船儀礼をめぐって―」『自然と文化そしてことば』一、葫蘆舎
松前健　一九七八「木の神話伝承と古俗」同『古代信仰と神話文学―その民俗論理―』弘文堂
宮城真治　一九八七『山原―その村と家と人と―』名護市役所
宮城信勇　二〇〇三『石垣方言辞典』沖縄タイムス社
宮城文　一九七二『八重山生活誌』沖縄タイムス社
松村明編　一九八八『大辞林』三省堂
山下欣一・遠藤庄治・福田晃　一九八九『日本伝説大系』十五、みずうみ書房

山田武男　一九八六『わが故郷アントゥリ』ひるぎ社
山田雪子（安渓貴子・安渓遊地編）一九九二『西表島に生きる』ひるぎ社
柳田國男　一九八九（一九一〇）「遠野物語」『文庫全集』四、筑摩書房
柳田國男　一九八九（一九五六）「妖怪談義」『文庫全集』六、筑摩書房
柳田國男　一九九〇（一九二九）「片目の魚」『文庫全集』二五、筑摩書房
柳田國男　一九九〇（一九四二）「日本の祭」『文庫全集』十三、筑摩書房
横山重編　一九七〇『琉球神道記・弁蓮社袋中集』角川書店
琉球大学社会人類学研究会編　一九七七『白保』根元書房
琉球大学民俗研究クラブ編　一九六五『沖縄民俗』十
琉球大学民俗研究クラブ編　一九六八『沖縄民俗』十五
琉球大学民俗研究クラブ編　一九六九『沖縄民俗』十六
琉球大学民俗研究クラブ編　一九七七『沖縄民俗』二三
琉球大学民俗研究クラブ編　一九八六『沖縄民俗』二四

著者略歴

赤嶺　政信（あかみね　まさのぶ）

1954年　沖縄県島尻群南風原町字喜屋武に生まれる

筑波大学大学院修士課程地域研究科修了

琉球大学人文社会学部教授。文学博士

専門は民俗学

〔主要著書・論文〕

1998年『シマの見る夢ーおきなわ民俗学散歩ー』（ボーダーインク）

1994年「キジムナーをめぐる若干の問題」

（『資料編集室紀要』一九、沖縄県立図書館資料編集室編）

2000年「建築儀礼にみる人間と自然の交渉ー沖縄・八重山諸島の事例からー」

（松井健編『自然観の人類学』榕樹書林）

2001年「家のフォークロアー沖縄・宮古の場合ー」

（筑波大学民俗学研究室編『心意と信仰の民俗』吉川弘文館）

2014年『歴史のなかの久高島　家・門中と祭祀世界』（慶友社）

キジムナー考 ー木の精が家の神になる

ISBN　978-4-89805-203-7-C1339

2018年8月25日　印刷
2018年8月30日　発行

著　者　**赤　嶺　政　信**
発行者　**武　石　和　実**
発行所　**榕　樹　書　林**

〒901-2211　沖縄県宜野湾市宜野湾3-2-2
TEL. 098-893-4076　FAX.098-893-6708
E-mail : gajumaru@chive.ocn.ne.jp
郵便振替 00170-362904

印刷・製本　（有）でいご印刷

がじゅまるブックス　13